알아 두면
세상이 보이는
선거와
정치 30

초판 1쇄 발행 | 2022년 2월 1일

글 이정호 | **그림** 원정민 | **펴낸이** 최현희
기획 이선일 | **편집** 조설휘 | **디자인** 김민정

펴낸곳 도서출판 푸른날개
출판등록 제 131-91-44275
주소 인천시 연수구 샘말로 62번길 9
전화 032)811-5103 | **팩스** 032)232-0557
E-mail bluewing5103@naver.com

글 ⓒ 이정호 2022 그림 ⓒ 원정민 2022
이 책의 저작권은 저자와 출판사에 있습니다.
서면에 의한 저자와 출판사의 허락 없이 내용의 일부를 인용하거나 발췌하는 것을 금합니다.

ISBN 978-89-6559-264-8 (74030)
      978-89-6559-257-0 (SET)
값 13,000원

* 잘못된 책은 구입하신 곳에서 바꿔드립니다.

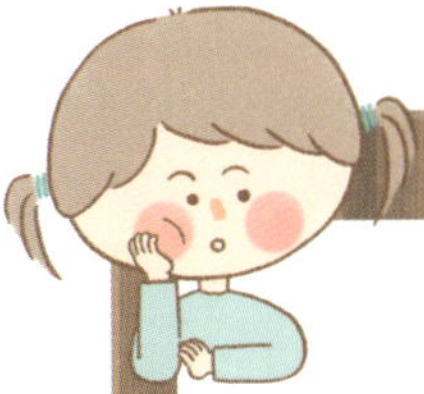

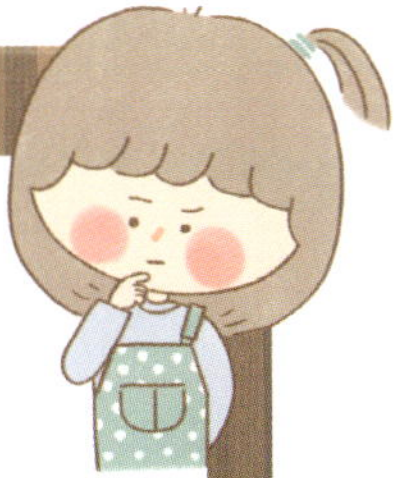

알아 두면 세상이 보이는

선거와 정치 30

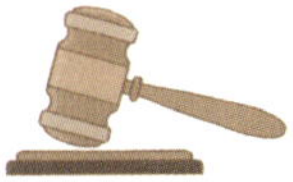

이정호 글 | 원정민 그림

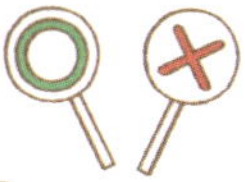

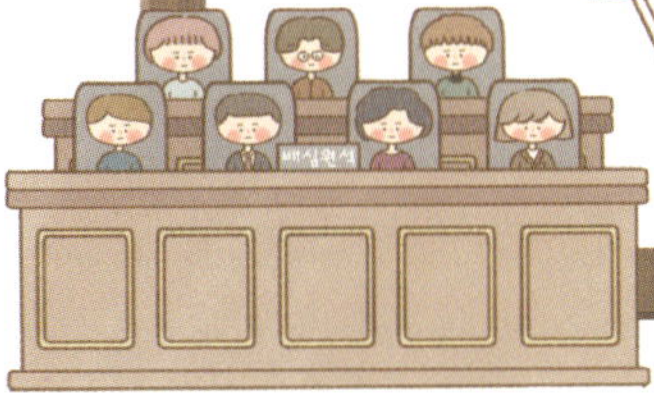

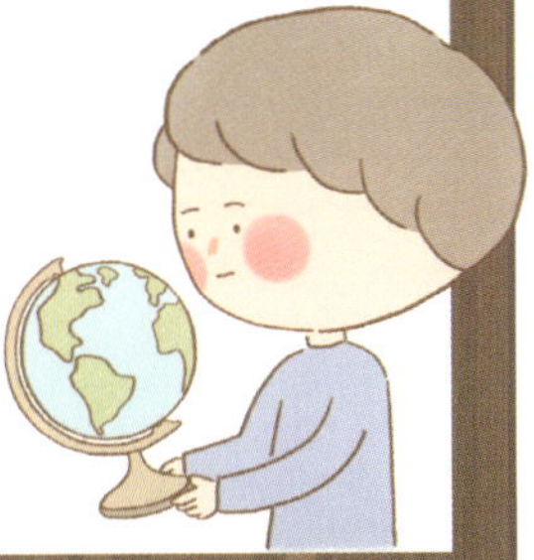

푸른날개
BlueWing Good Child Books

들어가는 말

✧ 정치는 우리 곁에 가까이 있어요 ✧

"어린이인데 정치를 알아야 하나요?" "정치는 나와 상관 없는 거잖아요." "어려워서 머리 아파요." 어린이라면 정치에 대해 이렇게 말할 수 있어요. 어렵게만 느껴져서 어른들이 알아야 할 거라고 생각하지요. 정말 그럴까요?

이 책을 읽는 어린이가 초등학교 고학년이라면, 5~6년 뒤에 선거권과 피선거권을 갖게 돼요. 대통령과 국회의원, 시장과 시의원 등 나라를 이끌어 갈 정치 지도자를 뽑고, 국회의원 선거와 지방선거의 후보가 될 수 있지요. 5~6년은 곧 있으면 다가올 미래예요.

정치는 내 삶을 지금보다 더 낫게 바꾸는 거예요. 좀 더 공정하고 평등하고 자유롭고 정의로운 사회를 만드는 거예요. 좋은 정치는 우리 동네를 바꾸게 하고, 나라를 바꾸게 하고, 세상 전체를 바꾸게 하지요.

정치는 나와 상관없는 것 같지만, 절대 그렇지 않아요. 학교 앞에 차를 함부로 세울 수 없는 법이 만들어지면 누구에게 도움이 될까요? 학교에 다니는 어린이들이지요. 몸에 해로운 장난감

 을 만들 수 없는 법이 만들어져도 마찬가지예요. 정치는 나와 멀리 있지 않아요. 가까이 있어요. 멀어지려고 해도 멀어질 수 없는 것이 정치지요.

 이 책을 쓰면서 가장 많이 생각한 것은 정치에 대한 어린이들의 생각이었어요. 어려워서 골치 아픈 정치를 어떻게 하면 쉽게 알도록 할까 고민했어요. 그래도 이 책의 내용을 다 이해하지 못할 거예요. 하지만 한 번 두 번 소리 내어 읽다 보면 친근하게 느껴질 거예요. 뭐든 처음부터 익숙해지는 법은 없잖아요.

 한 나라의 정치 수준은 그 나라 국민의 정치 수준을 넘지 못한다는 말이 있어요. 국민의 정치 수준이 높아야 나라의 정치 수준도 높아진다는 말이지요. 이 책을 읽으면서 나의 정치 수준을 차근차근 높여 가기를 바랄게요. 몇 년 뒤, 높아진 정치 의식으로 소중한 한 표 꼭 행사하세요.

2022년 2월
이정호 선생님이.

 차례

1. 정치가 뭐야? •12
2. 정치를 왜 알아야 해? •17
3. 대통령이 없는 나라도 있어? •22
4. 국민이 나라의 주인이라고? •27
5. 법은 왜 이렇게 많아? •31
6. 그 나라 사람이 국민 아니야? •36
7. 대한민국은 민주 공화국이라고? •41
8. 민주화를 위해 싸운 분들이 있다며? •46
9. 어린이도 정치에 참여할 수 있어? •51
10. 정당이 뭐야? •55
11. 예전에는 남자만 투표했다던데? •59
12. 선거와 투표는 다른 거야? •64
13. 삼권 분립이 뭐야? •69
14. 대통령도 바쁘게 일해? •74
15. 정부는 무슨 일을 하는 거야? •79

16. 나를 대신해 정치를 한다고? • 83

17. 국회의원은 맨날 싸우지 않아? • 87

18. 국회는 무슨 일을 하는 거야? • 92

19. 법의 적용과 집행은 뭐가 달라? • 97

20. 판사가 법관이야? • 102

21. 법원은 무슨 일을 하는 거야? • 107

22. 여론이 뭐야? • 112

23. 신문, 방송, 인터넷이 모두 언론이야? • 117

24. 뉴스는 모두 사실이야? • 122

25. 지방 정부는 또 다른 정부야? • 127

26. 시의원, 도의원, 구의원이 있다던데? • 132

27. 우리 동네 문제는 어디에 말해야 해? • 136

28. 지구촌에는 어떤 일들이 일어나? • 141

29. 국가 간의 외교도 정치야? • 146

30. 유엔은 무슨 일을 하는 거야? • 151

정치의 뜻

1. 정치가 뭐야?

"정치란 말,
뉴스에 정말 많이 나오잖아.
알 듯 말 듯 뭔지 모르겠어."

"맞아,
뉴스 첫머리부터 정치 소식이 나오곤 하지.
정치가 어려운 말이긴 해도
이해하지 못할 말은 아니야."

'정치' 하면 뭐가 생각나? 근엄한 왕의 표정과 왕에게 머리를 조아리는 신하들이 떠올라, 아니면 대통령이 되려는 후보들이 함께 모여 토론하는 장면이 떠올라? 혹시 반장 선거가 생각나지는 않아? 이렇게 왕과 신하가 나랏일을 논하는 것, 대통령 후보 토론, 반장 선거 모두 정치의 한 모습이야. 하지만 정치의 뜻을 온전히 설명하기에는 부족하지.

정치란 건 어떻게 생겨났을까? 사람들이 한곳에 모여 살면서 정치가 시작되었어. 아주 오랜 옛날의 원시 부족을 생각해 볼까? 그 시대 사람들은 열매를 따 먹거나(채집) 동물을 사냥하며(수렵) 살았어. 열매를 따 먹는 일이야 혼자 해도 되지만, 동물을 사냥하는 건 혼자 하기 어렵지.

사냥에 성공하려면 모두 힘을 모아야 해. 누구는 무리 앞에 서서 정찰하고, 누구는 사냥할 동물을 한곳으로 몰고, 누구는 창이나 활을 들어 동물을 겨냥해야 하지. 저마다 맡은 역할을 잘하려면? 무리를 이끌 사람, 지도자가 있어야겠지. 이처럼 '집단의 이익을 위해 함께하는 활동'을 정치라고 할 수 있어.

 그렇다면 언제나 사냥에 성공했을까? 성공하지 못하면 누군가 "네가 잘못해서 못 잡았잖아." 하고 불만을 터뜨렸을 거야. 때로는 다투기도 하고. 문제가 심각해지면 서로 죽이려 들지도 몰라. 이런 식으로 가면 어떻게 될까? 사냥을 제대로 할 리 없고, 서로 미워하며 폭력을 쓰려 하니 부족 전체가 위험에 빠질지도 몰라. 누군가 이 문제를 해결해야 하잖아. 그래서 권위를 가진 부족장이 나서야 했을 거야.

정치는 함께 모여 살아야 하는 인간에게 꼭 필요한 활동이야. 정치가 없다면 인간은 문명을 발전시킬 수도 없었을 거야. 그러니까 정치란, '크고 작은 인간 집단(사회 또는 공동체)이 계속 이어지고 발전하기 위해 벌이는 모든 활동'이라고 할 수 있어.

궁금증 해결 정치의 '치'

'정치'라는 한자어를 우리말로 풀어 볼까? '정(政)'은 정사(정치하는 일), 구실(맡은 일), 바로잡음을 뜻해. '치(治)'는 다스린다는 뜻이야. 정치를 글자 그대로 풀면, '자기가 해야 할 일(역할)을 잘 다스리는 것(자기 역할을 잘하는 것)', '비뚤어지지 않도록 곧게 다스리는 것'이라고 할 수 있어.

'치'는 원래 강물의 이름을 나타내는 말이었어. 그런데 시간이 흘러 '(물을) 다스리다'를 뜻하게 되었지. 이런 '치'가 들어간 말은 많아. 법으로 다스린다는 뜻의 '법치', 스스로 다스린다는 뜻의 '자치', 병을 다스리고 고친다는 뜻의 '치료', 가뭄이나 홍수를 다스린다는 뜻의 '치수', 국가나 지역을 다스린다는 뜻의 '통치', 범죄를 막고 안전을 지킨다는 뜻의 '치안', 물리쳐서 아예 없애 버린다는 뜻의 '퇴치'가 있어.

나일강과 황허강 다스리기

　세계 4대 문명은 큰 강 유역에서 시작되었어. 나일강 유역의 이집트 문명, 티그리스·유프라테스강 유역의 메소포타미아 문명, 인더스강 유역의 인더스 문명, 황허강 유역의 중국 문명이지.

　큰 강 유역에서 문명이 생겨난 이유는, 교통이 편리하고 농사지을 물이 풍부했기 때문이야. 당시 그 지역을 다스리던 왕들은 강을 다스리는 일을 가장 중요한 정치로 여겼어.

　그런데 이집트 왕과 중국 왕이 강을 다스리는 방법은 정반대였어. 이집트 왕은 비가 많이 와서 강물이 넘쳐도 막을 생각을 하지 않았어. 강물이 넘치면 주변 땅이 비옥해져서 씨만 뿌려 거두기만 하면 되었거든. 하지만 중국의 왕은 황허강이 넘치면 안절부절못했어. 정성껏 가꾼 곡식이 강물에 휩쓸려 떠내려가 흉년이 들었거든. 그래서 치수 사업을 벌였지.

　네가 만약 이집트나 중국의 왕이라면 강을 어떻게 다스릴래? 흉년이 들어 백성이 굶지 않으려면 어떤 방법으로 강을 다스려야 할까?

일상 속 정치

 2. 정치를 왜 알아야 해?

"정치가 뭔지 조금은 알겠어.
그런데 정치를 꼭 알아야 해?"

"아직 어린이라서
정치에 관심을 두지 않아도 된다고 생각하는구나.
그렇지만 곧 어른이 되잖아.
몇 년 후면 투표할 나이가 될 텐데.
지금부터 조금씩 알아 두면 좋지 않을까?"

정치를 모르는 어린이지만 이미 정치를 하고 있다면? 무슨 말이냐고? 어린이여도 어른 못지않게 일상에서 정치를 하고 있다는 말이야.

친구들과 분식집에 갔다고 생각해 봐. 어떤 친구는 떡볶이, 어떤 친구는 라면, 어떤 친구는 튀김, 어떤 친구는 순대를 먹겠다고 해. 그런데 네가 가격표를 보니, 네 가지 음식을 따로 주문하는 것보다 네 가지 음식이 합쳐진 세트 메뉴가 더 싼 거야. 옳다구나 싶어서 네가 "세트 메뉴로 하는 게 나아."라고 친구들에게 말했어. 친구들도 그게 좋겠다고 해서 세트 메뉴를 시켰지.

너와 친구들이 보여 준 이 모습이 바로 정치야. 모두의 이익을 위해 너와 친구들이 함께 행동했기 때문이지.

이렇듯 정치는 우리 가까이에 있어. 가족 여행을 어디로 갈지, 친구들과 어디로 놀러 갈지 의논하는 것이 정치야. 축구 할 때 누가 골키퍼를 할지, 모둠 활동 할 때 각자 어떤 역할을 맡을지 상의하고 결정하는 것 모두 '일상 속 정치'라고 할 수 있어.

정치를 알든 모르든 정치를 하고 있다니 신기하지? 사람들이 함께 모인 곳이라면 어디든 정치가 따라붙어.

 ## 독일의 초등 정치교육

2014년, 독일의 수도 베를린 거리에 초등학생들이 피켓을 들고나왔어. 그들이 피켓에 쓴 글은 '불법적인 인간은 없다'였어. 당시 베를린시는 북아프리카에서 온 난민의 일부를 돌려보냈는데, 시위에 나선 어린이들이 그걸 비판한 거야. 난민을 전부 받아들여야 한다는 뜻이었지. 이렇게 독일 어린이들이 시위할 수 있는 건 초등학교 때부터 정치를 배우기 때문이야.

독일이 초등학교 때부터 정치를 가르치는 이유는, 독일이 일으킨 제2차 세계대전 때문이야. 독재자 히틀러는 유럽을 침략하여 수많은 사람을 죽음의 공포로 몰아넣었어. 특히 유대인을 무자비하게 학살하는 만행을 저질렀지. 전쟁이 끝난 후 독일은 뼈저리게 반성했어. 다시는 전쟁을 일으킬 수 없도록 초등학생부터 정치를 가르쳐야 한다고 생각했지. 어릴 적부터 정치가 뭔지 알아야 민주 사회의 성숙한 시민이 될 수 있다는 거야.

독일의 초등학교에서 가장 중요하게 여기는 것은 국어, 영어, 수학이 아니야. 민주주의 사회에서 민주 시민으로 어떻게 살아야 하는지를 훨씬 더 중요하게 여겨. 자유와 평등 같은 시민 의식을 높이는 것이 독일이란 나라를 더 발전시킬 수 있기 때문이야.

정치를 배우면 자기 생각을 더 당당하게 드러낼 수 있어. 그게 바로 정치의 매력이야.

4월 혁명에 참여한 어린이들

1960년 3월 15일, 이승만 대통령의 자유당 정권은 자신들만의 권력을 지키기 위해 온갖 부정 선거를 일으켰어. 그 사실을 알고 분노한 국민이 전국에서 들고 일어났지. 이에 자유당 정권은 시위를 막으려고 군인과 경찰을 앞세웠어. 시위가 격해지자 시민들에게 총부리를 겨누고 총을 쏘아 댔지.

그때 어린이 두 명(서울 수송초등학교)도 총에 맞아 세상을 떠났어. 졸지에 친구들을 잃어 슬프고 화가 난 수송초 학생들은 어른들의 시위 대열에 참여했어. 거리에 나온 어린이들은 총을 든 군인들 앞에서 용감하게 소리쳤어.

"부모형제들에게 총부리를 대지 마세요!"

결국 군인과 경찰도 어린이들의 발걸음과 목소리를 막지 못했어. 그들의 주장이 너무나 마땅하고 옳았기 때문이지.

너는 세상을 향해 어떤 주장을 펼치고 싶어? 어른들이나 사회에 꼭 하고 싶은 말이 있다면 무엇일까?

다양한 정치 체제

3. 대통령이 없는 나라도 있어?

"영국과 일본에는 대통령이 없고 총리가 있잖아.
게다가 왕도 있고 말이야.
나라마다 달라서 머리가 아파."

"그건 나라마다 역사와 문화가 다르기 때문이야.
자신들에게 맞는 정치 체제를 만들어 와서 그래."

　지금의 민주주의 제도를 처음 시작한 나라는 영국이야. 영국은 1688년에 의회를 만들어서 왕의 권력을 제한했어. 그 후 영국의 왕은 의회를 무시하는 막강한 권력을 쓸 수 없게 되었지. 이 사건을 '명예혁명'이라고 해. 피 한 방울 흘리지 않고 명예롭게 이루어졌기 때문이야. 그래서 지금도 영국의 왕에게는 나라를 다스릴 권한이 없어. 실제 권력은 총리에게 있지.

　반면에 프랑스는 1789년에 시민혁명이 일어나 부패한 왕을 처단했어. 그 후 헌법을 만들어 민주주의를 발전시키기 시작했지. 그래서 프랑스에는 왕이 없어. 대통령과 총리가 중심이 되어 나라를 이끌어.

　미국도 마찬가지야. 영국의 식민지였던 때에 독립전쟁을 벌여 독립한 후, 13개 주가 하나의 나라를 만들었어. 13개 주를 대표하는 사람으로 대통령을 선출했지.

　우리나라는 어떨까? 대한제국이 일본제국에 의해 무너지면서 왕이 사라졌어. 대한제국의 왕이 일본의 왕 밑으로 들어간 셈이지. 일제 강점기에 우리나라를 다스리던 자는 일본이 보낸 총독이었어. 시간이 흘러 해방 후 남한은 대통령, 북한은 내각 수상을 선출했어.

그 후 남한은 여러 차례 헌법을 고쳐서 대통령에게 유리한 정치 체제를 만들었지. 특히 1972년에 유신헌법을 만들어 오랫동안 집권할 발판을 마련하기도 했어. 1987년 민주화 이후에야 잘못된 정치 체제를 바로 고칠 수 있었어.

 **나라 이름으로 알 수 있는 정치 체제**

나라 이름만 봐도 그 나라의 정치 체제를 알 수 있어. 프랑스의 정식 국호는 '프랑스 공화국(The French Republic)'이야. '공화국'이란 국민의 대표가 통치하는 정치 체제를 말해. 왕이 다스리는 나라가 아니라, 국민이 선출한 대표자가 통치하는 나라지. 우리나라의 정식 국호도 '대한민국 공화국(Republic of Korea)'이야.

영국의 정식 국호는 '대영제국(United Kingdom)'으로, 영국 연합 왕국이란 뜻이야. 곧 왕이 있는 나라지. 왕이 있는 나라는 대개 왕국으로 불려. 스페인 왕국, 스웨덴 왕국, 노르웨이 왕국, 사우디아라비아 왕국,

타이 왕국(태국). 왕국 가운데 지금까지도 왕의 권한이 막강한 나라도 있지만, 대부분은 이름뿐인 왕이야. 실제 권력은 총리나 수상에게 있지. 그런데 대통령이 있는 나라여도 대통령에게 큰 권한이 없는 나라가 있어. 독일과 오스트리아 등이 그래.

이란의 경우는 독특해. 나라 이름이 '이란 이슬람 공화국'이어서 대통령이 있지만, 최고 권력은 국가의 종교 지도자에게 있어. 종교가 최우선인 나라이기 때문이야. 대통령보다 최고 종교 지도자가 더 높은 자리인 셈이지.

이건 어떻게 생각해? 프레지던트와 대통령

대통령은 영어 '프레지던트(President)'를 한자어로 옮긴 말이야. 프레지던트는 '앞에 앉는다', '앞에 앉은 사람'이라는 뜻인데, 북아메리카 대륙에 있던 영국 식민지의 일부 주지사를 부르는 호칭이었어. 의회에서 선출된 행정 지도자라는 뜻이었지.

그러다가 영국에서 독립한

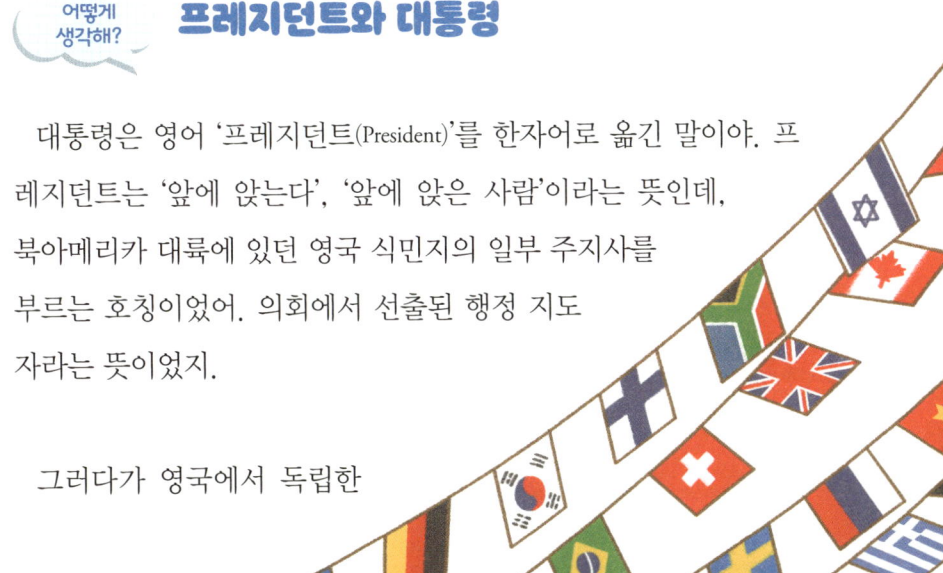

13개 주가 한 나라를 만들면서 '미합중국'의 최고 행정 책임자를 부르게 되었어. 어원으로만 보면, 회의 자리에서 앞에 앉은 사람(의장) 정도일 뿐, 대단한 권력을 쥔 사람은 아닌 거야.

한자어인 대통령은 '통령'에 기원을 두고 있어. 통령은 '일정한 영역을 다스리는 사람'이라는 뜻으로, 일정한 규모의 군대나 조직을 다스리는 자리였지. 그러다가 통령 앞에 큰 '대(大)' 자를 붙여 공화국을 이끄는 최고 지도자로 쓰기 시작했어. 그런데 그 뜻이 너무 크다 보니 대통령을 무소불위의 권력을 가진 자리로 여기기도 했어. 왕과 같다고 받아들였던 거야.

너는 대통령을 어떤 자리라고 생각해? 왕과 대통령의 차이는 무엇일까?

민주주의의 뜻

4. 국민이 나라의 주인이라고?

"나라의 주인은 국민이라고 하는데,
그렇게 느껴지지 않아."

"국민이 나라의 주인이란 정치사상이 곧 민주주의야.
하지만 돈 많은 사람, 힘 있는 사람이
나라의 주인으로 보일 때가 있어.
민주주의에 무슨 문제가 있어서 그럴까?

정치는 사람들 사이의 문제나 갈등을 조정해. 사회 질서를 유지하면서 사회가 계속 이어지도록 하지. 정치가 제 할 일을 제대로 안 하면 공동체가 무너져서 살기 힘들어져. 나라가 가난해지고 외부의 침략을 받아 멸망할 수 있지. 그래서 정치에서 가장 중요한 것은 '누가 결정을 내리는가'야.

그래서 중요한 결정을 내리는 사람이 그 공동체의 주인이라고 할 수 있어. 왕이 다스린다면 왕과 신하가 주인이야. 왕 없이 국민이 다스린다면 그것이 바로 민주주의지. 그래서 우리나라 헌법 제2조는 이렇게 쓰여 있어.

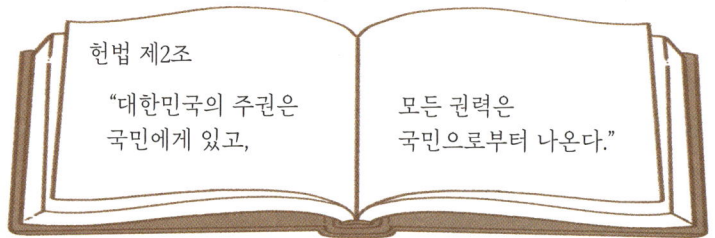

헌법 제2조
"대한민국의 주권은 국민에게 있고, 모든 권력은 국민으로부터 나온다."

국민에게 주권이 있음을 명확하게 드러낸 거지. 민주주의란 정치의 최종 결정권이 국민에게 있다는 의미야.

민주주의의 반대

민주주의의 반대는 무엇일까? 공산주의? 사회주의? 공산주의와 사회주의는 경제사상으로 '자본주의'의 반대라고 할 수 있어. 민주주의의 반대는 '전제주의(또는 전체주의)'야. 전제주의란 특정한 개인이나 계급 또는 소수 집단이 나라의 모든 권력을 장악하여 마음대로 권력을 행사하는 것을 뜻해. 쉽게 얘기하면 왕이 다스리는 정치지.

인류는 오랫동안 왕이 다스리는 전제 정치를 해 왔어. 막강한 힘을 가진 한 사람이 자기 밑으로 사람들을 모아 나라를 세우고 왕이 되면, 그 나라는 곧 그 왕의 것이 되었어. 고조선을 건국한 단군왕검, 고구려를 세운 주몽, 고려를 일으킨 왕건, 조선을 이룩한 이성계 모두 힘을 가진 단 한 사람이었지. 이렇게 절대 권력을 가진 왕과 왕을 떠받드는 신하들은 대대로 부와 권세를 누렸어. 나라가 곧 그들의 것이었으니까.

전제주의는 독재 정치이기도 해. 독재란 어떠한 제한 없이 자기 마음대로 하는 거야. 누구의 말도 듣지 않는 독불장군식 정치라고 할 수 있어. 우리 역사에서는 독재자를 '폭군'이라고 불렀어. 조선 시대의 대표 폭군이라면 연산군을 들 수 있어.

가짜 민주주의

전 세계 대부분의 나라가 민주주의를 채택하고 있어. 현대 민주주의가 시작된 유럽은 물론이고, 아메리카, 오세아니아, 아시아, 아프리카 대륙에서 민주주의가 시행되고 있지. 그렇다면 전 세계가 민주주의로 하나가 되어 평화와 번영을 누려야 하잖아? 실상은 그렇지 않아. 여전히 서로 으르렁대는 등 다툼이 일어나지. 민주주의를 한다면서 전제주의를 하는 나라가 의외로 많아서 그래.

우선 북한을 볼까? 북한의 정식 이름은 '조선민주주의인민공화국'이야. 나라 이름에 버젓이 '민주주의'가 들어 있잖아. 그렇다면 전 세계 사람들이 북한을 민주주의 국가로 볼까? 절대 아니지. 김일성, 김정일, 김정은으로 3대가 권력을 세습하는 건 조선 시대에나 있던 일이잖아. 민주주의 국가라면 국민이 최고 권력자를 뽑을 수 있어야 해. 그러니까 북한의 민주주의는 가짜 민주주의라고 할 수 있어.

네가 생각하기에 진짜 민주주의는 무엇이야? 네가 나라의 주인으로 느껴질 때는 언제일까?

법치의 의미

5. 법은 왜 이렇게 많아?

"강아지를 키우려는데 구청에 등록해야 한다는 거야. 안 그러면 과태료를 물릴 거래. 꼭 그래야 하는 거야?"

"많은 사람이 반려동물을 키우면서 아무렇게나 버리니까 그걸 방지하려고 그러는 거야. 동물을 보호하는 법에 따라서 말이야."

　민주주의 사회에만 법이 있는 건 아니야. 왕이 다스리던 때에도 법이 있었어. 제대로 꼴을 갖춘 나라에는 반드시 법이 있었지. 인류 역사상 가장 오래된 법전은 '함무라비 법전'이야. 무려 4천 년 전에 딱딱한 돌기둥에 새겨진 이 법전은 오늘날까지 그대로 남아 있어.

　함무라비 법전에 이런 법이 쓰여 있어. "만일 귀족이 노예의 눈을 멀게 하거나 뼈를 부러뜨렸을 때는 1/2미나의 벌금으로 내야 한다." 생각보다 가벼운 벌이지? 법전이 만들어질 당시는 귀족, 평민, 노예가 있는 계급 사회였기 때문에 귀족에게 유리했을 거야. 그런데 귀족이 제대로 벌을 받았는지는 모르겠어.

　왕이 다스리던 시대의 법은 매우 간단했어. 지금처럼 법이 많지 않았지. 법보다 우선인 것은 주먹, 곧 힘이었어. 왕의 말 한마디가 법이었지. 그러나 국민이 주인인 민주주의 사회에서 법이 없으면 사회는 혼란에 빠지고 말아. 모든 국민이 나라의 주인이기 때문에 함께 지켜야 할 규칙이 필요해. 그래서 민주주의를 법에 따른 통치, 곧 '법치'라고 해. 법은 민주주의를 지탱하는 뿌리라고 할 수 있어.

 **수많은 법**

　법은 피라미드 같은 모습을 띠고 있어. 피라미드의 맨 꼭대기에 있는 법은 '헌법'이야. 헌법은 국민의 권리와 의무, 정부의 구조, 경제 질서 및 선거 관리 등 기본 사항을 규정해. 이 헌법에 따라 헌법 밑에 있는 법령을 만들 수 있지. 헌법에 어긋나는 법은 만들 수 없어.

　헌법 밑에는 '법률'이 있어. 헌법에서 정한 기본 사항을 좀 더 자세히 규정해 놓은 것이라 할 수 있지. 대개 국회에서 국회의원들이 만드는 법이야. 반려동물을 등록해야 하는 동물보호법이 바로 법률이야.

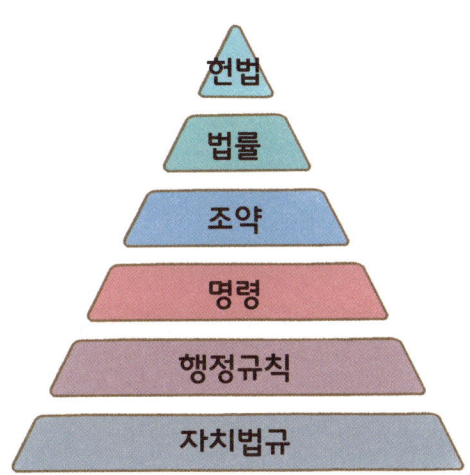

법률 밑에는 '조약'이 있어. 조약은 나라와 나라가 문서로 합의한 것을 말해. 예를 들어 우리나라가 다른 나라와 무역할 때 협정을 맺는다면, 그게 바로 조약이지.

조약 밑에는 '명령'이 있어. 명령은 행정부에서 행하는 법 규범이야. 명령 밑에는 '행정규칙'이 있고, 행정규칙 밑에는 '자치법규'가 있어.

이렇게나 많은 법을 다 알아야 할까? 그럴 필요는 없어. 하지만 법을 모르면 손해를 볼 수 있어. 그러니 내게 필요한 법은 꼭 알아 두는 게 좋아.

성문법과 불문법

4천 년 전에 만들어진 함무라비 법전은 돌기둥에 새겨져 있어. 문자로 기록되었다는 말이지. 법은 대부분 문자로 기록돼. 기록되지 않으면 무슨 법인지 알 수 없잖아. 이 사람이 말하는 법과 저 사람이 말하는 법이 다르면 그게 무슨 법이겠어. 문자로 명확하게 기록해야 사람들이 그걸 보고 따를 거잖아. 이렇게 문자로 쓰여 있는 법을 '성문법'이라고 해.

그런데 신기하게도 문자로 쓰여 있지 않은 법이 있어. 그걸 '불문법'이라고 해. 불문법은 누군가에 의해 만들어지지 않고 글로 기록되지 않은 법이야. 불문법이 있는 이유는, 사람들 사이의 모든 문제를 일일이 법으로 만들 수 없어서야.

예를 들어 주인이 없는 어떤 나무를 두고 두 사람이 다툰다고 생각해 보자. 둘 중 한 사람이 먼저 '이 나무는 내 것'이라고 팻말을 붙여 놓으면 그 사람 소유가 인정돼. 무궁화가 우리나라의 꽃인데, 어느 법에도 '무궁화는 대한민국의 국화'라고 쓰여 있지 않아. 법전에 쓰여 있지 않아도 관습상 무궁화는 우리나라의 꽃인 거야.

가정에도 지켜야 할 규칙이 있어. 이를테면 이런 규칙이야. '밥 먹은 후 자기 그릇 개수대에 넣기' 냉장고에 붙어 있는 규칙은 아니지만, 가족 모두 지키잖아. 이렇게 글로 쓰여 있지 않은 우리 집만의 규칙이 있다면 뭐가 있을까?

국민의 권리와 의무

6. 그 나라 사람이 국민 아니야?

"우리 반에 중앙아시아에서 온 친구가 있어.
그 친구 부모님은 투표할 수 없대.
우리나라에 사는데 왜 못하는 거야?"

"우리나라에 사는 사람 모두
대한민국 국민이 되는 건 아니야.
대한민국 국민으로서 권리를 행사하고 의무를
다해야 해."

'국민'은 나라의 백성으로, 국가를 이루는 세 가지 요소(주권·영토·국민) 가운데 하나야. 자기 혼자 왕도 하고 국민도 한 괴짜 같은 사람이 실제 있었지만, 어느 나라도 그 나라를 인정하지 않았어. 국민 한 명 없는 나라가 무슨 나라겠어.

민주주의 국가에서는 국민의 권리와 의무를 헌법에 담아. 우리나라 헌법에 담긴 국민의 권리(기본권)는 행복 추구권, 평등권, 자유권, 참정권, 청구권, 사회권이야.

누구나 '행복을 추구할 권리'가 있어. 누구나 타고난 성(여성·남성), 종교, 사회적 지위에 따라 차별받지 않을 '평등권'이 있어. 누구나 신체의 자유, 살 곳을 옮길 자유, 직업을 선택할 자유, 종교를 고를 자유 등 '자유권'이 있어. 누구나 선거에 참여할 권리, 공무원이 되어 나랏일을 할 권리 등 정치에 참여할 '참정권'이 있어. 누구나 내 권리가 침해당하면 권리를 되찾기 위해 요구할 '청구권'이 있어. 마지막으로 누구나 인간답게 살 '사회권'이 있지.

　국민으로서 마땅히 해야 할 의무도 있어. '교육받을 의무', 제 일을 열심히 해야 하는 '근로의 의무', 세금을 성실히 내야 하는 '납세의 의무', 나라를 지켜야 하는 '국방의 의무', '환경을 보전해야 하는 의무' 등이 있지.

　국민의 권리와 의무는 양팔 저울과 같아. 권리가 기울면 의무가 올라가고, 의무가 기울면 권리가 올라가지. 어느 한쪽으로 기우는 건 민주주의에 위기가 닥쳤다는 의미야. 권리와 의무가 평형을 이룰 때 민주주의는 건강하게 발전할 수 있어.

국민의 기본권 제한

민주주의 사회에서는 헌법으로 국민의 기본권을 보장해. 그런데 어느 때는 기본권을 제한하기도 해. 외부 침략으로 국가가 위태로울 때, 질서가 무너졌을 때 모든 국민의 복지와 이익을 위해 기본권을 제한해. 가령 온 나라에 무서운 감염병이 퍼지면 국민의 생명을 지키기 위해 몇 명 이상 모이지 못하게 하거나 몇 시까지만 상점을 열어야 한다고 제한하는 거야.

그러나 기본권을 제한할 때는 생각에 생각을 거듭해야 해. 반드시 국민의 대표로 구성된 국회에서 법을 만들어야 기본권을 제한할 수 있지. 대통령 마음대로 국민의 기본권을 제한하면 독재가 되는 거야.

예전에는 밤에 마음대로 다닐 수 없는 '야간 통행금지'가 있었어. 1945년부터 1982년까지 약 36년간 이어졌지. 범죄를 예방하기 위해서였지만, 자유롭게 다닐 권리를 침해했던 거야. 통행금지가 없어지자 사람들은 거리에 나와 만세를 불렀어. 이렇듯 기본권은 민주주의 사회에서 반드시 보장되어야 할 권리야.

복수(이중) 국적

'복수 국적'이란 말 들어 봤어? 복수 국적은 이 나라 사람이기도 하고, 저 나라 사람이기도 한 것을 말해. 어떻게 그럴 수 있냐고? 전 세계가 하나의 지구촌이 되어 활발하게 교류하기 때문이야.

예를 들어 아버지가 스페인 사람, 어머니가 한국 사람이면 아이는 스페인 국적과 한국 국적을 같이 가질 수 있어. 미국에서 태어나면 미국 국적과 한국 국적을 갖게 돼. 그렇지만 한국에서 태어나 미국으로 건너가서 미국 시민권을 가지면 한국 국적이 없어져. 한 가지 국적만 갖는 거지.

우리나라는 복수 국적에 제한을 두고 있어. 남성의 병역 의무 때문에 그래. 병역 의무를 하는 조건으로 복수 국적을 허용해. 자신이 어느 나라 사람인지 결정하는 것은 기본권이라고 할 수 있어. 그런데 의무 때문에 권리가 제한받을 수도 있지.

민주주의 사회에서 국적 또는 시민권을 여러 개 가지면 어떤 점이 좋을까? 반대로 국적을 여러 개 가져서 문제가 생기지는 않을까?

공화정의 시작

7. 대한민국은 민주 공화국이라고?

"민주주의 국가와 공화국은 다른 거야?
'공화'가 뭔지 모르겠어."

"민주주의를 실현하는 방법은 여러 가지인데,
그중 하나가 공화정이야.
공화정이 어떻게 시작하여 발전했는지 알아보자."

　공화(共和)의 공은 '함께'라는 뜻, 화는 '조화롭다'는 뜻이야. 함께 조화로움을 이룬다는 말이지. 한자 '화'를 자세히 들여다보면, 벼 '화(禾)'와 입 '구(口)'가 합쳐진 말인 걸 알 수 있어. 공화는 '함께 밥 먹는 것', 누구 하나 소외되지 않고 골고루 밥 먹으며 함께 산다는 뜻이지.

　공화 정신에 따른 정치를 '공화정'이라고 해. 보통 왕이 없는 정치 체제를 가리켜. 주권이 국민 모두에게 있는 거야. 우리가 이미 알고 있는 민주주의지. 왕이 있으면 민주주의가 아닐까? 그렇지는 않아. 왕이 있어도 헌법에 따라 나라를 이끌면 그것도 민주주의야. 영국 등 왕이 있는 유럽의 일부 국가에서 그런 모습을 볼 수 있어.

　우리나라의 공화정은 언제부터 시작되었을까? 그건 일제의 폭압에 맞서 일어난 3·1 운동 이후야. 3·1 운동으로 당장 독립을 이루지 못했어도 임시정부를 수립하여 계속 독립운동을 펼쳤어. 나라 이름을 '대한민국'으로 정한 것이 공화정의 시작이라 할 수 있지. 황제가 다스리는 나라 '대한제국'이 국민이 다스리는 나라 '대한민국'이 된 거야. 그래서 임시정부의 헌법(임시헌장) 제1조는 이렇게 되어 있어.

"대한민국은 민주 공화제로 함."

 ## 고대 아테네의 공화정

 세계 역사에서 처음으로 공화정을 시작한 나라는 어디일까? 바로 고대 그리스의 도시 국가인 아테네야. 2천7백여 년 전에 아테네는 공화정을 시행했어. 그때 정치에 참여할 수 있는 사람은 '시민'이었어. 시민이란 도시에 사는 주민이 아니야. 부모가 모두 아테네에서 태어났으며, 노예가 아닌 20세 이상의 남자만 말해. 아테네에 사는 사람

중 5분의 1만이 시민이었지.

  시민들은 평의회와 민회를 구성하여 정치를 펼쳤어. 민회에는 모든 시민이 참여할 수 있지만, 평의회에는 시민 가운데 5백 명만 참여할 수 있었지. 민회가 열리면 시민은 누구나 자기 의견을 밝힐 수 있어. 아테네의 발전을 위해 각자의 주장을 쏟아 냈지.

  민회에서 시민들은 아테네의 중요한 문제를 해결했어. 평의회가 제안한 법을 통과시키거나 거부하기도 했지. 왕 한 사람이 아니라 시민이 모두 모여 토론하고 결정한 거야.

  그렇지만 고대 아테네의 민주주의에는 한계가 있었어. 모든 아테네 사람이 정치에 참여할 수 있는 게 아니었거든. 완전한 공화정은 아니더라도 그 옛날에 민주주의를 시작했다는 점이 참 놀랍지 않아?

다시 왕정으로 돌아간다면

 왕이 다스리는 왕정에서 국민이 다스리는 공화정으로 바뀌는 게 과연 쉬운 일일까? 프랑스는 1789년 대혁명으로 왕을 쫓아낸 뒤 완전한 공화정이 되기까지 오랜 세월이 걸렸어. 왕이 사라졌지만, 황제라고 부르는 절대 권력자가 등장하기도 했으니까. 그만큼 왕정에서 공화정으로 바뀌는 건 쉽지 않아. 권력을 가지면 권력의 달콤함 때문에 권력을 빼앗기려고 하지 않거든.

 왜 우리나라는 왕정에서 공화정으로 바뀌는 시간이 오래 걸리지 않았을까? 왜 다시 왕정으로 돌아가자는 움직임이 없었을까? 그건 앞에서도 말했듯이 3·1 운동의 영향 때문이야. 3·1 운동은 단순히 일제에서 독립을 이루겠다는 저항이 아니었어. 독립뿐 아니라 침략주의에 맞서 인류의 자유와 평화와 정의를 이루겠다는 민권 운동이었어. 비록 무능한 왕과 일부 신하들이 나라를 팔아먹었지만, 국민이 나서서 빼앗긴 나라를 되찾고 새로운 정부도 세우겠다고 생각한 거야.

 만약 우리나라가 공화정이 아니라 왕정으로 돌아갔다면 지금 어떻게 되어 있을까? 일제에서 해방되었는데 왕이 다시 등장했다면 민주주의가 발전할 수 있었을까?

8. 민주화를 위해 싸운 분들이 있다며?

"민주주의를 위해 희생된 분이 많다고 들었어.
목숨까지 바칠 만큼 민주주의가 중요한 거야?"

"4.19 혁명, 부마 민주 항쟁,
5.18 광주 민주화 운동, 6월 항쟁, 촛불 혁명까지
우리나라 국민은 민주주의를 위해
줄기차게 싸워 왔어.
그래서 지금 민주주의가 꽃을 피우고 있는 거야."

　민주주의 사회에서 국민이 자신의 의사를 표현하는 방법은 두 가지야. 하나는 투표, 다른 하나는 시위지. 투표는 권력자에 대한 심판이야. 국민의 뜻에 어긋나는 정치를 하면 투표로 막을 수 있어. 그런데 투표란 정해진 때에만 하니까 국민의 뜻이 곧바로 반영되지 못해. 그래서 시위로 자신의 의사를 밝혀 권력자를 압박하지.

　정치가 물 흐르듯 술술 흘러가면 정말 좋겠지만, 그런 경우는 별로 없어. 권력을 가지면 욕심이 생기기 마련이어서 국민의 말이 귀에 안 들어와. 민주주의에 위기가 닥치면 주권자인 국민이 나설 수밖에 없어. 민주주의와 헌법에 어긋나는 행동을 반드시 막아야 하지. 이렇듯 민주주의를 지키기 위한 큰 물결이 '민주화 운동'이야.

　4·19 혁명은 이승만 정권의 부정 선거를 규탄한 민주화 운동이었어. 혁명의 결과 대통령이 물러나고 새로운 정부를 세울 수 있었어. 부마 민주 항쟁은 박정희 유신정권의 폭압과 독재에 맞선 부산과 마산 시민의 민주화 운동이었어. 정부는 총칼로 시민들의 정당한 저항을 짓밟았지. 5·18 광주 민주화 운동은 새로 등장한 전두환 군사 정

권에 대한 항쟁이었어. 수많은 광주 시민이 총탄에 쓰러지고 폭도로 몰렸어. 6월 항쟁은 대통령을 직접 선출해야겠다는 국민의 의지가 드러난 사건이었어. 그 결과 국민이 직접 대통령을 뽑게 되었지. 촛불 혁명은 부패하고 부도덕한 정권에 대한 심판이었어. 마침내 대통령이 파면되고 처벌받았지.

민주주의는 깨어 있는 시민들에 의해 계속 발전해 나가. 모든 권력이 국민에게 있으므로 어떤 희생이 있더라도 민주주의를 위해 싸우지.

 ## 군사 정변(군사 쿠데타)

우리나라 현대사에는 군사 정변이 두 번 있었어. 군사 정변은 헌법에 따라 선출된 국민의 대표를 무력으로 몰아내고 권력을 차지하는 것을 말해. 1960년 5월 16일, 박정희 육군 소장은 군대를 이끌고 서울을 점령했어. 정부 기관과 언론사를 점령하고 군사혁명위원회를 조직

하여 대한민국의 모든 권력을 장악했다고 선언했지. 국민에 의해 선출되지 않은 군인들이 헌법을 깡그리 무시하고 권력을 잡은 거야. 그 뒤 19년 넘게 권력을 휘둘렀어.

1979년 12월 12일에 또다시 군사 정변이 일어났어. 박정희 대통령이 서거한 틈을 타서 일부 정치군인들이 반란을 일으킨 거야. 다음 해 5월 17일에 전국에 계엄령을 선포하여 권력을 완전히 장악했지. 그 뒤 저항하는 광주 시민들(5·18 광주 민주화 운동)을 무참히 진압하고 집권했어. 전두환의 신군부 세력은 박정희의 유신정권 못지않게 국민을 억압했어. 첫 군사 정변이 일어난 후 32년이 지나서야 군사 정권을 끝장낼 수 있었지.

군사 정변은 지금도 세계 곳곳에서 벌어져. 탐욕에 빠진 일부 군인들이 국민의 명령에 따라 움직여야 할 군대를 제 마음대로 움직여 권력을 차지해. 그럴수록 민주주의는 멀어지게 돼. 민주주의의 기둥을 탄탄하게 세워야 군사 정변을 막을 수 있어.

# 저항할 권리

'쥐도 궁지에 몰리면 고양이를 문다.'라는 속담이 있어. 만약 학교에서 너를 괴롭히는 못된 아이가 있다고 해 봐. 그 아이가 못된 짓을 계속하면 너는 참을 수 없을 거야. 참지 않고 대항하는 건 아주 정당한 거야. 우리가 사는 사회에서도 마찬가지야. 권력을 가진 자가 나의 자유와 권리를 억압하면 저항할 수 있어.

조선 시대에도 억압받는 백성들이 탐관오리에 맞서서 민란을 일으켰어. 19세기 말에 벌어진 동학농민운동 역시 부당하게 백성들을 괴롭힌 관리에게 저항한 거였어. 나쁜 관리를 몰아낸 뒤 백성들 스스로 마을을 다스렸다고 해. 잠깐이나마 공화정이 실현된 거지.

사람이라면 누구나 불의에 항거할 권리를 가지고 있어. 우리나라 역사에서 어떤 저항권이 발휘되었는지 좀 더 알아보면 어떨까?

9. 어린이도 정치에 참여할 수 있어?

"정치는 어른들이 하고,
어른 중에서도 정치인만 하잖아.
우리 같은 어린이가 정치에 참여할 수 있어?"

"정치인만 정치를 하는 건 아니야.
어린이도 이 나라의 국민이잖아.
국민이니까 당연히 정치에 참여할 수 있어."

　민주 국가에서 시민은 국가의 정책이나 정치에 참여할 자격이 있는 국민을 말해. 고대 아테네에서 정치에 참여한 그 '시민'이지. 시민은 적극적으로 정치에 참여하는 사람이야. 권력자들을 감시하고, 잘못된 일을 바로잡으려고 노력해. 나라가 하라는 대로 군말 없이 하는 사람은 '백성'에 머물고 말아.

　어느 날 갑자기 우리 동네에 해로운 연기를 내뿜는 공장이 들어선다고 생각해 봐. 그런 공장은 주택가에 세울 수 없는데, 법을 어기면서 억지로 세우려는 거야. 환경을 생각하는 시민이라면 가만히 있을 수 없지. 왜 나쁜 공장이 들어서면 안 되는지 이야기해야 해. 여러 사람이 함께 모여 외칠 수 있고, 민원이나 청원으로 내 주장을 내세울 수 있어.

　'청와대 국민청원'이라고 들어봤을 거야. 청와대의 홈페이지에 내 의견을 올리는 거야. "위험한 장난감을 만들 수 없도록 해 주세요." "학교 앞에서 불량식품을 팔 수 없게 해 주세요." "친환경 급식을 먹게 해 주세요." 한 달 동안 20만 명 이상이 청원에 동의하면 정부 관계자의 답변을 들을 수 있지. 어른이건 어린이건 누구나 할 수 있어.

 **시민단체**

　시민 혼자 잘못된 문제를 해결하기는 힘들어. 그래서 뜻이 같은 사람들이 모여 단체를 만들고, 그 뜻을 이루기 위해 노력해. 그것을 '시민단체'라고 해. 자기 혼자만의 이익이 아니라 모든 시민의 이익을 위해 일하는 단체지.

　시민단체에는 여러 가지가 있어. 환경 단체는 환경 문제의 심각성을 알리면서 환경 보호 활동을 해. 소비자 단체는 제품을 구매하는 소비자의 권리를 찾기 위해 노력해. 인권 단체는 인권이 침해되는 문제를 고발하고 인권을 보호하려고 힘써. 평화 단체는 전쟁 없는 평화를 만들기 위해 노력하지. 여성 단체는 차별받는 여성의 권리를 되찾기 위해 일해.

　시민단체가 있어서 권력을 가진 정부는 긴장할 수밖에 없어. 시민의 다양한 의견과 활동은 민주주의를 더욱 건강하게 만들어. 참여해야 바꿀 수 있어. 뒷짐 지고 팔짱 끼면서 참여하지 않으면 아무것도 바뀌지 않아. 잘못된 것을 잘못되었다고 말할 수 있는 용기야말로 시민을 시민답게 만들어.

어린이의 정치 참여

 반장 선거, 다들 해 봤을 거야. 누구는 후보자가 되어 당선되기도 했을 테고, 누구는 떨어지기도 했을 거야. 누구는 투표만 했겠지. 반장 선거는 어린이의 정치가 아닐까 싶어.

 후보자가 되어 본 친구들은 알 거야. 내가 왜 반장이 되어야 하는지 생각하고 생각하지? 그런 다음 반장으로서 무엇을 할지 고민할 거야. 고민이 끝나면 공약을 밝혀. 후보자가 아닌 친구들은 어떤 후보자가 우리 반을 위해 일할까 고민할 거야. 후보자의 연설을 꼼꼼히 따져 봐서 가장 알맞은 후보에게 표를 던질 거야.

 이처럼 후보자든 투표자든 모두 반장 선거에 참여해. 바람직한 모습이라고 할 수 있지. 하지만 '누가 되든 나랑 무슨 상관이야?' 하고 생각하는 건 참여하는 자세라고 할 수 없어.

 지금까지 너는 반장 선거에 어떻게 참여해 왔어?

정당의 뜻

10. 정당이 뭐야?

"무슨 당, 무슨 당, 무슨 당…
없애고 합치고 새로 만들고,
왜 그러는 거야?"

"정당은 같은 생각을 하는 사람들이
정권을 획득하기 위해 만든 단체야.
그래서 때에 따라 없애고 합치고 새로 만들어."

정당을 한마디로 말하면 '끼리끼리'야. 가난하고 힘없는 사람들을 더 돌봐야 한다고 생각하는 사람들끼리 모여 정당을 만들어. 경제 성장에 박차를 가해서 더 잘살아야 한다고 생각하는 사람들끼리 모여 정당을 만들지. 개발보다 환경을 더 중요하게 여겨야 한다고 생각하는 사람들끼리 모여 정당을 만들어.

정당의 최우선 목표는 국민의 선택을 받아 정권을 잡는 거야. 정권을 잡아야 자신들의 생각대로 정치를 하고 정책을 펼 수 있거든. 그래서 투표하기 전에 후보자들을 선출해서 국민에게 선보여. "우리가 이런 후보들을 내놓았으니 잘 보고 찍어 주십시오." 후보자들은 유권자에게 선택받기 위해 여러 가지 정책과 공약을 내놓지.

만약 정당이 유권자의 선택을 받지 못하면 어떻게 될까? 다음 선거에서 선택받기 위해 자신들의 잘못을 반성해. 더 나은 모습을 보이려고 하는 거야. 때로는 정당 자체가 없어지기도 하고, 다른 정당과 합치기도 해. 선거 전에는 새로운 정당이 많이 만들어지고, 선거가 끝나면 선택받은 정당을 뺀 나머지 정당은 조용히 사라지기도 하지.

궁금증 해결 양당제와 다당제

민주주의 국가에는 여러 정당이 있어. 한 정당이 권력을 독차지하는 걸 '일당제'라고 하는데, 독재 국가에서 보이는 모습이지. 중국은 공산당만 권력을 잡을 수 있어. 북한도 마찬가지야.

영국과 미국은 '양당제'야. 양당제는 두 정당이 권력을 두고 경쟁하는 형태야. 그렇다고 해서 두 정당 외에 다른 정당이 있어서는 안 된다는 건 아니야. 두 정당이 오랫동안 국민에게 선택되어 왔기 때문이지. 영국의 노동당과 보수당, 미국의 공화당과 민주당은 서로 번갈아 가면서 권력을 잡아 왔어.

셋 이상의 정당이 권력을 두고 경쟁하는 형태를 '다당제'라고 해. 사회가 복잡해질수록 사람들의 생각은 다양해져. 다양한 생각을 정치에 담으려면 두 정당으로는 부족하겠지. 그래서 다당제가 생겨났어. 다당제의 장점은 정당을 선택할 폭이 넓어진다는 거야. 그러나 정책을 힘 있게 밀고 나가기 어렵다는 게 단점이야.

우리나라는 다당제를 채택하고 있는데, 정권을 차지하는 모습을 보면 양당제야. 아직 제3의 정당이 정권을 잡은 적이 없어서 그래.

좌파와 우파

정치인들이 '좌파', '우파'라고 말하는 걸 들은 적이 있을 거야. 우리나라에서는 좌파를 '진보', 우파를 '보수'라고 말하기도 해. 유럽을 비롯한 많은 나라에서는 '좌익(왼쪽 날개)'과 '우익(오른쪽 날개)'이라는 말을 주로 써. 이런 말을 쓰게 된 건 1789년 프랑스 대혁명 때부터야.

혁명이 일어나 왕을 몰아낸 뒤에 '국민의회'가 만들어졌어. 왕과 신하들이 이끌던 정치를 국민의 대표들이 모여 하게 된 거지. 이때 법안에 대한 거부권을 인정하느냐 마느냐를 결정하기 위해서 의견이 맞는 사람들끼리 앉게 되었어. 앞에 앉은 의장이 봤을 때 왼쪽에는 빈민층을 대변하는 급진 성향의 '공화파'가 앉았고, 오른쪽에는 귀족과 부자를 대변하는 보수 성향의 '왕당파'가 앉았지.

이렇게 정치 성향에 따라 좌우가 갈렸어. 좌파는 평등을 강조하고, 우파는 자유를 강조해. 좌파는 복지와 분배, 우파는 성장과 발전에 중점을 두지. 한 나라가 발전하려면 좌파와 우파가 적당히 경쟁해야 해. 한쪽 날개만 있으면 새는 날 수 없잖아. 좌우의 날개로 힘차게 날아가는 새가 민주주의의 참모습이 아닐까?

선거권을 갖기 위한 노력

11. 예전에는 남자만 투표했다던데?

"복지국가로 이름난 스위스에서는
오랫동안 남자만 선거했다고 들었어.
맞는 거야?"

"잘 알고 있네.
스위스의 여성이 선거할 수 있게 된 때는 1971년이었어.
우리나라는 1948년부터 남성과 여성 모두
선거할 수 있었는데 말이야."

　1948년 우리나라에서 처음으로 국회의원을 뽑을 때, 21세 이상 국민이면 누구나 투표할 수 있었어. 남녀를 구분하지 않았지. 그런데 다른 나라들은 남자만 투표했기 때문에 여성은 선거권을 얻기 위해 치열하게 싸워야 했어.

　미국은 처음에 여성에게 선거권을 주지 않았어. 한동안 남성만 투표하다가 19세기 초에 노예제 반대운동과 더불어 여성의 선거권에도 관심을 두게 되었지. 50년 넘게 여성 선거권 인정 운동을 벌여서 마침내 19세기 말에 와이오밍주가 여성 선거권을 인정했어. 미국의 모든 여성이 투표할 수 있게 된 건 1920년이었어. 백 년 넘게 걸린 셈이야. 영국도 다르지 않았어. 영국의 여성이 남성과 동등한 선거권을 갖게 된 건 1928년이었어.

　1920년 이후부터 미국의 여성도 투표할 수 있었지만, 흑인은 투표할 수 없었어. 남자든 여자든 흑인에게는 선거권이 없었지. 노예제도가 오래전에 사라졌는데도, 흑인은 미국의 시민이 아니었어. 1950년대까지도 버스를 탈 때 흑인 자리에 앉아야 했지. 끈질기게 흑인 민권 운동을 벌인 결과, 1966년에야 흑인도 당당하게 선거권을 갖게 되었어. 그 후 40여 년이 흐른 뒤 마침내 흑인 출신 대통령(버락 오바마)을 선출할 수 있었지.

선거권을 얻기 위한 여성과 흑인의 노력은 인권 의식을 높이는 계기가 되었어. 태어날 때부터 누구나 지니는 인권을 되찾기까지 많은 사람이 고난과 역경을 이겨 낸 거야.

 ## 선거의 원칙

선거에는 네 가지 원칙이 있어. 첫 번째는 '보통 선거'야. 일정한 나이에 이른 국민이라면 누구나 선거할 수 있다는 원칙이야. 남자든 여자든, 백인이든 흑인이든, 가난하든 부유하든 상관없이 투표권을 행사할 수 있지. 우리나라에서는 18세가 되면 선거할 수 있어.

두 번째는 '평등 선거'야. 선거할 수 있는 유권자가 동등한 가치를 지닌 표를 행사해야 한다는 원칙이지. 1표를 행사하면 1표만큼의 가치가 생긴다는 뜻으로, 남자의 1표가 여자의 2표와 같아서는 절대 안 돼.

세 번째는 '직접 선거'야. 선거권을 가진 유권자가 투표소에 직접 나와 투표해야 한다는 원칙이야. 누군가가 대신 투표하면 안 되고, 내 표를 남에게 팔아서도 안 돼. 사정이 생겨서 내가 사는 곳에서 투표할 수 없다면 '부재자 투표'를 할 수 있어. 군대에 가 있거나 외국에 잠시 나가 있을 때 해당돼.

네 번째는 '비밀 선거'야. 내가 누구에게 투표했는지 남이 알지 못하도록 비밀을 보장한다는 원칙이야. 내가 투표한 사람을 다른 사람이 밝힐 수 없다는 말이야. 누구를 지지했다고 해서 불이익이나 억압을 받아서도 안 돼. 그래서 투표소는 천으로 가려져 있고, 투표용지를 투표함에 넣을 때도 접어서 넣어. 투표함도 안이 보이지 않게 만들어져 있지.

네 가지 원칙이 지켜져야 민주주의에 따른 선거라고 할 수 있어. 한 가지라도 지켜지지 않으면 부정 선거가 돼. 부정 선거는 민주주의를 뿌리째 흔드는 매우 중대한 범죄야.

선거할 수 있는 나이

오스트리아에서 선거할 수 있는 나이는 16세 이상이야. 16세, 곧 고등학교 1학년이 되면 선거할 수 있다는 뜻이지. 민주주의를 하는 나라 대부분은 18세 이상이야. 선거 나이는 어떤 기준에 따라 정해질까? 왜 초등학생은 국회의원이나 대통령을 뽑을 수 없을까?

대개 18세가 되면 그동안 학교에서 배운 지식으로 정치에 참여할 수 있다고 봐. 초등학생이면 아직 정치를 잘 모르니까 올바로 판단해서 선거할 수 없다고 보는 거지. 그런데 한쪽에서는 지금의 선거 나이 18세를 더 낮춰야 한다고 주장해. 오스트리아처럼 16세로 하자는 거야. 고등학교 1학년쯤 되면 정치의식이 충분히 자랐을 거라고 여기는 셈이지.

네 생각은 어때? 지금처럼 18세 이상에게 선거권을 주는 게 좋을까, 아니면 18세보다 더 낮추는 게 좋을까?

선거, 민주주의의 꽃

12. 선거와 투표는 다른 거야?

"선거와 투표, 둘 다 같은 말 아니야?
뭐가 다른 건지 잘 모르겠어."

"선거와 투표는 당연히 다른 말이야.
좀 더 자세히 말하면,
선거 안에 투표가 있다고 할 수 있어."

 반장 선거를 예로 들게. 반장 선거를 하려면 담임 선생님이 이렇게 말씀하실 거야. "몇 월 며칠에 반장 선거를 할 거예요." 선거는 언제 투표한다고 알리는 순간부터 시작돼. 그러면 투표만 하면 선거가 되는 걸까? 아니지, 반장 선거에 나설 후보를 뽑아야지.

 반 아이 중 몇몇이 손을 들어 후보를 추천할 거야. "아무개를 반장 후보로 추천합니다." 이를 '후보 추천'이라고 해. 후보들이 정해지면 무엇을 하지? 선거 운동을 할 거야. "나는 우리 반을 위해 무엇을 하겠습니다." 하면서 공약이나 정책을 알려. 어느 후보보다 자신이 반장으로서 일을 잘할 거라고 이야기하지.

 선거 운동이 끝나면 정해진 날에 투표해. 반 아이들이 함께 모여 한 표를 행사하는 거야. 선거는 여기서 끝나지 않아. 투표했으면 개표해야지. 당선자를 정해야 하잖아. 개표를 마치고 확인을 끝내면 비로소 당선자가 정해져. 마침내 담임 선생님이 이렇게 말씀하셔. "우리 반 반장으로 아무개가 당선되었습니다. 축하합니다."

선거일 공고 → 후보 선출 → 후보 등록 → 선거 운동 → 투표와 개표 → 당선자 확정. 지방 자치단체의 단체장과 지방의회 의원, 국회의원, 대통령 모두 이런 방식으로 뽑혀. 이 모든 과정이 바로 선거야. 투표 없는 선거는 '팥소 없는 찐빵'이라고 할 수 있어. 선거 없는 민주주의도 마찬가지야. 선거가 없으면 민주주의가 아니야.

 **나라별 투표 방식**

부모님과 함께 기표소에 들어가 본 적이 있어? 부모님은 투표용지에 쓰인 후보자들을 쭉 살펴본 다음, 당선되길 바라는 후보자 이름 옆

에 도장을 꾹 누르셨을 거야. 이렇게 우리나라는 투표할 때 도장을 써. 도장에 한자 점 '복(卜)' 자가 새겨져 있어. 이 글자를 쓰는 건 투표용지를 어느 쪽으로 접더라도 처음 찍힌 위치를 알아볼 수 있기 때문이야. 무효표를 줄이려는 거지.

프랑스의 투표 방식은 간단해. 먼저 후보자 이름이 다 적힌 투표용지를 받으면, 그중에 자기가 뽑을 후보만 골라서 투표하는 날 투표함에 넣으면 돼. 투표용지에 뭔가를 표시하지 않는 쉬운 방법이지.

50개 주가 한 나라를 이루는 미국은 주별로 투표 방식이 달라. 종이로 된 투표용지에 표시하는 방식이 있는가 하면, 구멍이 뚫린 카드로 투표하는 방식이 있어. 터치스크린 같은 전자 장비로 투표하기도 해.

투표하지 않는 사람

선거권이 있어도 투표하지 않는 사람이 제법 많아. 국민의 기본권을 마땅히 행사하지 않는 거지. 이것을 여러 가지로 분석해. 하나는 정치가 나와 상관없다고 여기는 사람이 많다는 거야. 정치에 대한 참여 의식이 낮은 거라고 볼 수 있지. 다른 하나는 투표해 봤자 내게 어떤 이익도 오지 않는다고 생각하는 거야. 정치가 국민에게 희망을 주지 못하면 이런 현상이 나타나.

호주에서는 투표율을 높이기 위해 '의무 투표제'를 시행하고 있어. 정당한 이유 없이 투표하지 않으면 벌금을 물거나 감옥에 가둘 수 있어. 그래서 선거 때마다 95%에 이르는 높은 투표율을 보여. 어떻게든 투표할 수 있도록 깊은 산속에 사는 사람에게 투표함을 보내기도 해.

우리나라의 투표율은 그리 높지 않아. 관심이 집중된 선거의 투표율은 높지만, 80%에 이르지는 못해. 정치에 대한 참여도가 점점 줄고 있지. 흔히 선거를 민주주의의 꽃이라고 해. 이 꽃이 활짝 피려면 많은 사람이 투표해서 국민의 뜻이 제대로 반영되어야 해.

더 많은 사람이 투표하려면 어떻게 해야 할까?

권력 분립

13. 삼권 분립이 뭐야?

"권력을 세 곳으로 나눈다고 들었어.
왜 나누는 거야? 나눠서 좋은 점이 있어?"

"국민을 위해 봉사하는 지도자들을
선거로 뽑았다고 해도
권력을 가지면 유혹에 빠질 수 있기 때문이야.
그래서 권력을 나누고 서로 견제하게 해."

왕이 다스리던 시절에는 왕이 모든 권력을 쥐었어. 왕의 말 한마디가 곧 법이고, 왕의 명령이 곧 판결이었어. 왕의 말과 행동에는 어떤 잘못도 없다고 생각했지. 게다가 왕을 하늘에서 내려온 신성한 존재라고 한껏 추켜세웠어. 예전 중국에서는 왕을 '천자'라고 불렀고, 지금도 일본에서는 왕을 '천황'이라고 부르잖아.

민주주의를 시작하면서 권력은 왕이 아닌 국민에게 돌아갔어. 그 뒤 국민의 대표자들을 뽑아서 정치를 맡겼지. 그런데 대표자가 된 이들이 왕처럼 다스리려고 하는 거야. 그것을 막기 위해 권력을 나누게 되었지. 행정부, 입법부, 사법부 세 군데로 나눠서 서로 감시하고 견제하게 했어. 권력이 한쪽으로 쏠리지 않도록 균형을 맞춰 민주주의를 발전시키려는 거야.

행정부는 법을 집행하는 곳이야. 학교 앞에 자동차를 세울 수 없는 법이 만들어졌다면, 행정부는 불법으로 주정차한 차량을 적발하여 과태료를 물려. 법에 정해진 것을 하는 곳이 행정부야. 대통령이나 총리가 행정부의 중심이 되고, '내각'에 속한 여러 부처가 나라 살림을 책임져.

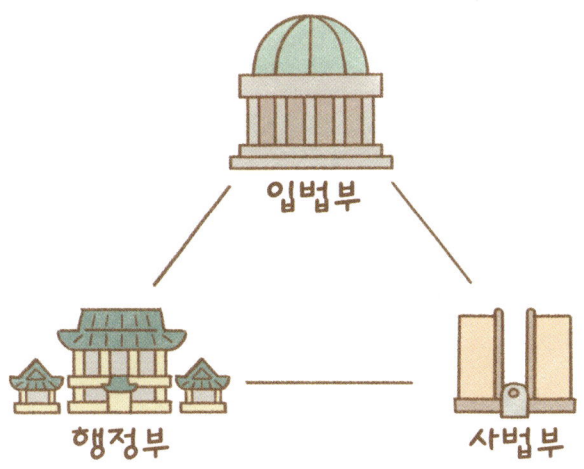

　입법부는 법을 만들고 고치고 없애는 곳이야. 민주주의 국가는 법에 따라 정치가 이루어지므로 법을 만들고 고치고 없애는 일이 아주 중요해. 입법부의 일 중에 또 하나 중요한 건 행정부를 감시하는 거야. 나라 살림을 맡은 행정부가 제대로 일하는지 낱낱이 들여다봐.

　사법부는 법을 적용하는 곳이야. 법에 따라 재판하고 판결을 내리지. 또 어떤 법이 헌법에 맞는지 맞지 않는지 가리기도 해. 법관은 사법부에서 재판하는 공무원인데, 행정부의 대통령과 입법부의 국회의원처럼 선거로 뽑지 않아. 법에 따라 시험을 치른 다음 합격한 사람을 나라의 대표인 대통령이 임명해.

국가 의전 서열

나라의 중요한 지도자들에게는 순위가 있어. 외교 의례나 국가 기념일 등 공식 행사에서 앉는 순서를 정한 것을 '국가 의전 서열'이라고 해. 이 서열이 권력의 순위를 나타내는 건 아니야.

우리나라의 국가 의전 서열 1위는 대통령이야. 2위는 국회의장, 3위는 대법원장이지. 행정부, 입법부, 사법부의 수장이 1, 2, 3위를 차지해. 그다음 4위는 헌법재판소장, 5위는 국무총리야. 6위는 선거를 관리하고 감독하는 중앙선거관리위원장이고, 7위는 집권한 정당(여당)의 대표야. 8위는 집권하지 못한 정당(야당)의 대표지.

국가 의전 서열을 보면 행정부, 입법부, 사법부가 골고루 배치되었다는 걸 알 수 있어.

권력의 시녀

이건 어떻게 생각해?

'시녀'란 말을 알 거야. 왕과 왕비 등 높은 사람의 시중을 드는 여성을 말해. 조선 시대의 '궁녀'와 비슷해. 시녀는 시키는 일을 고분고분하게 하는 사람이야. 자기 생각을 드러낼 수 없어서 투명 인간과 같다고도 할 수 있어. 그렇다면 '권력의 시녀'는 무엇을 말할까? 강한 권력에 순순히 따르면서 충성을 다하는 사람을 말해. 그래서 권력이 한쪽으로 쏠리면 권력의 시녀가 곳곳에서 나타나.

독재자는 늘 권력의 시녀를 만들려고 해. 그래서 자신을 감시할 입법부와 사법부를 권력의 시녀로 만들어 버려. 어떻게 그럴 수 있냐고? 독재자가 속한 행정부에 경찰과 검찰, 정보기관과 군대 등 막강한 무력이 있기 때문이야. 독재자가 국회의원과 법관들을 겁주는 건 식은 죽 먹기지. 그래서 삼권 분립이 제대로 이뤄져야 해. 삼권 분립이 무너져 독재자가 출현하면 결국 국민이 가장 큰 손해를 입어.

행정부는 입법부와 사법부보다 더 큰 권력을 쥐고 있어. 삼권 분립이 제대로 이뤄지기 위해 행정부는 어떤 노력을 해야 할까?

대통령의 임무

14. 대통령도 바쁘게 일해?

"엄마 아빠처럼 대통령도 바쁘게 일해?
대통령이니까 좀 편한 거 아니야?"

"엄마 아빠가 한 가정을 책임진다면,
대통령은 수많은 가정이 모인 나라를 책임지잖아.
당연히 바쁠 수밖에 없지."

아하, 그렇구나!

 취임하는 대통령은 선서를 해야 해. 헌법에 명시된 것으로 반드시 선서한 뒤 대통령직을 수행해야 하지.

 "나는 헌법을 준수하고 국가를 보위하며 조국의 평화적 통일과 국민의 자유와 복리의 증진 및 민족문화의 창달에 노력하여 대통령으로서의 직책을 성실히 수행할 것을 국민 앞에 엄숙히 선서합니다."

 이 선서문에 대통령이 해야 할 일이 모두 담겨 있어. 먼저 헌법을 잘 지켜야 해. 헌법을 지킨다는 건 나라의 뿌리를 잘 보존한다는 뜻이야. 헌법을 어기면 파면될 수 있어. 두 번째는 국가를 보위하는 것이야. 국가를 보위한다는 건 외부의 침략에 맞서 국가를 지키는 일이야. 곧 국민의 생명을 보호해야 하는 거지. 세 번째는 조국의 평화 통일을 위해 노력하는 거야. 우리나라는 아직도 남과 북으로 나뉘어 있어. 전쟁이 완전히 끝난 상태가 아니라서 그래. 남북의 평화 통일은 국가의 안전과도 연결돼. 네 번째는 국민의 자유와 복리 증진이야. 국민이 누구에게도 억압받지 않고 자유를 누리면서 행복과 이익을 얻게 노력해야 한다는 말이지. 대통령은 국민이 골고루 잘 살도록 힘써야 해. 다섯 번째는 민족문화의 창달에 노력하는 거야. 오랫동안 이어온 우리 역사와 문화를 보전하여 후대에도 이어지게 해야 한다는 말이지.

대통령이 된다는 건 이렇게 커다란 임무를 받는 거야. 외교, 국방, 정치, 경제 등 모든 분야에 관심을 두고 정책을 펼쳐야 해. 이 모든 임무를 수행하려면 밤낮없이 고민하고 일해야 할 거야. 대통령은 국민의 가장 큰 심부름꾼이니까.

 ## 대통령 단임제와 연임제

우리나라 대통령의 임기는 5년이야. 딱 한 번만 할 수 있지. 이렇게 한 번만 하는 것을 '단임제'라고 해. 미국 대통령의 임기는 4년이야. 4년 임기를 마치고 이어서 대통령을 할 수 있어. 이렇게 이어서 한 번 더 하는 걸 '연임제'라고 해. 하지만 세 번은 할 수 없어.

우리나라 대통령은 왜 한 번만 하게 되었을까? 그건 독재를 막기 위해서야. 초대 대통령인 이승만 대통령은 두 번밖에 할 수 없는 조항을 세 번까지 하도록 억지로 고쳤어. 그러다가 결국 부정 선거로 물러나고 말았지. 군사 정변으로 권력을 잡은 박정희 대통령은 처음부터 헌법을 어겼어. 그 후 이승만 대통령처럼 세 번까지 하도록 헌법을 고쳤지. 세 번째 대통령이 되고 나서 또 헌법을 고쳤어. 이렇게 오래 집권하여 독재하는 걸 막기 위해 단임제를 하게 되었어.

단임제는 정책을 펼치는 데 시간 제약이 있지만, 연임제는 정책을 쭉 이어갈 수 있다는 장점이 있어. 그래서 우리나라도 미국처럼 4년 연임제를 하는 게 좋겠다는 여론이 높아지고 있어.

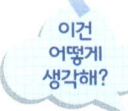 ## 대통령 탄핵

우리나라 헌법 제65조에는 대통령의 탄핵에 관한 내용이 있어. 탄핵이란 신분이 보장된 고위 공무원이 법을 어겼을 때 처벌하거나 파면할 수 있는 제도를 말해. 대통령은 제일 높은 자리에 있는 공무원이니까 당연히 그만두게 할 수 있지.

대통령을 탄핵하려면 국회의원 3분의 2 이상이 찬성해야 해. 그런 다음 헌법재판소가 마지막 결정을 해. 대통령이 헌법을 어겼는지 안 어겼는지 재판하는 거야. 대통령 탄핵은 입법부와 사법부가 행정부를 견제하고 감시하는 가장 중요한 제도라고 할 수 있어. 대통령 마음대로 권력을 휘두르지 못하게 막는 장치지.

우리나라에서 대통령이 탄핵된 적은 한 번 있어. 피 한 방울 흘리지 않고 평화로운 방법으로 대통령 자리에서 물러나게 했지.

너는 대통령을 탄핵하는 것이 민주 정치에 어떤 이득이 된다고 생각해?

15. 정부는 무슨 일을 하는 거야?

"외교부, 국방부, 교육부, 환경부와 같이 끝이 '부'로 끝나는 곳이 정부야?"

"맞아. 네가 말하는 게 바로 정부 부처야. 정부에는 수많은 기관이 있어. 정부가 하는 일이 엄청 많거든."

　대통령은 정부의 수장이지만, 대통령 혼자 나라 살림을 맡을 수는 없잖아. 그래서 실제 일하는 부서가 대통령 밑에 즐비하게 있어.

　행정안전부는 국가의 행정 업무를 처리하고 국민의 안전과 생명을 지켜. 경찰서와 소방서가 이 부서에 속해 있지. 기획재정부는 나라 전체의 살림살이를 맡아. 나라 경제를 맡은 부처지. 법무부는 법무 행정을 담당하고 있어. 검찰과 교도소가 이 부처에 속해.

　정부 기관에 '위원회'라는 말이 붙은 곳이 있어. 국민권익위원회, 방송통신위원회, 금융위원회 등이 정부에 속해. 위원회에는 위원장과 위원들이 있어. 위원장과 위원들이 모여 맡은 일을 처리하지. 장관과 차관이 있는 정부 부처와 비교하면 하는 일이 좀 달라.

　국무총리는 대통령의 명을 받아 내각을 지휘해. 대통령 다음으로 정부의 2인자야. 대통령과 함께 국무회의를 진행하고, 나라 곳곳을 두루 살펴. 대통령이 총리가 될 후보자를 결정하여 국회에 알리면, 국회는 총리로 일할 사람인지 아닌지 따지고 투표로 결정해. 각 부처의

장관도 대통령이 지명해. 국회에서는 청문회를 열어 장관을 잘할지 못할지 물어. 이런 절차 역시 행정부와 입법부의 권한을 나누는 '권력 분립'에 해당돼.

 ## 작은 정부와 큰 정부

대통령이 취임해서 정부가 바뀌면 새로운 부처를 만들기도 해. 여러 부처를 합치고, 있던 부처를 없애지. 어떻게 해야 일을 잘할지 고민해서 좀 더 효율적인 정부를 만드는 거야. 정부의 크기가 작으면 '작은 정부', 크면 '큰 정부'라고 해.

정부가 작아지면 민간에서 할 일이 많아져. 이를테면 정부가 건설하는 지하철을 민간 회사가 맡는 거야. 국민의 세금으로 지하철을 건설하지 않는 거지. 정부가 빚을 많이 지면 이렇게 할 수 있어. 반대로 정부가 커지면 정부가 하는 일도 덩달아 많아져. 복지 정책 등 국민에게 혜택이 많이 갈 수 있지. 그러나 정부가 국민의 일상생활까지 지나치게 간섭할 수 있어. 복지와 분배와 평등을 중시하는 정부는 큰 정부로 가려고 해. 성장과 발전과 경쟁을 중시하는 정부는 작은 정부로 가려고 하지. 어떤 정부를 선택할지는 국민의 몫이야.

 **가깝고도 먼 정부**

'정부'는 처음에 어떻게 만들어졌을까? 우선 A라는 마을이 있다고 생각해 보자. 마을 대표가 없는 A 마을은 평화로웠어. 그러던 어느 날 B 마을의 대표가 와서 자기 마을과 교역을 하자고 제안했어. 대표가 없던 A 마을은 급하게 대표를 내세워서 B 마을과 협상했지. 그 뒤 대표가 있는 게 없는 것보다 낫다고 생각해서 계속 대표를 두게 되었어.

대표는 마을을 위해 더 많은 일을 하고 싶었어. 그래서 자신과 함께 일할 사람들을 뽑았지. 마을 사람들은 그 사람들의 수고에 보답하기 위해 돈을 조금씩 내놓았어. 그 돈은 그들의 봉급이 되었어.

어느 날, A 마을에 도둑이 들었어. 마을 사람들은 범죄를 막고 범죄자를 처벌할 기관을 만들자고 했어. 곧 경찰이었지. 범죄자를 가둘 감옥을 짓고 감옥을 관리하는 기관도 만들자고 했어. 이런 식으로 A 마을의 정부가 차근차근 만들어졌어. 애초에 정부란 마을 주민들이 필요해서 만든 거야. 주민이 있어 정부가 생긴 거지.

네가 정부의 장관으로 임명된다면 어떤 부처에서 일하고 싶어? 국민에게 어떤 정책을 펼치면 좋을까?

대의 정치

16. 나를 대신해 정치를 한다고?

"국회의원은 왜 뽑는 거야?
누구나 국회의원이 될 수 있어?"

"국민 모두 다 모여 정치할 수 없기 때문이야.
그래서 나를 대신해 정치할 대표자를 뽑지.
국회의원이 되려면 18세 이상이어야 해."

　인구가 많고 나라 규모가 커진 현대에는 소수의 대표자를 뽑아 그들에게 정치를 맡길 수밖에 없어. 우리나라에서 그 대표자는 국회의원이야. 300명의 국회의원이 5천만 명의 국민을 대신하여 정치를 해. 이를 '대의 정치'라고 해. 우리나라뿐 아니라 대부분의 나라에서 대표자들을 뽑아 의회를 구성해.

　그런데 대의 정치에는 한계가 있어. 대표자가 소수이기 때문에 자신을 특별한 사람으로 여길 수 있거든. 국민의 뜻과 상관없이 국가 정책을 결정할 수 있다는 말이야. 또 정당의 이익을 위해 국민의 뜻을 저버릴 수도 있어. 게다가 성실하게 일할 대표자가 아니라면 문제는 더욱 심각해져. 바쁘게 사는 국민은 국회의원만 뽑아 놓고 정치에 관심을 두지 않을 수 있으니까.

　나를 대신해 일할 좋은 일꾼을 뽑는 것은 중요해. 그보다 더 중요한 건 뽑힌 일꾼이 딴짓하지 않고 열심히 일하도록 눈여겨보는 거야.

 ## 대의 정치의 문제점 해결

　대통령은 5년 임기로 딱 한 번 할 수 있지만, 국회의원은 그렇지 않아. 임기는 4년이지만 몇 번만 해야 한다는 규정이 없어. 선거 때마다 뽑히면 국회의원을 계속 할 수 있다는 거야. 물론 오래 하면 경력이 쌓여서 정치에 능숙해질 수 있어. 그러나 국회의원도 권력자라서 오랫동안 권력을 가지면 부정부패를 저지를 수 있지.

　국회의원이 국민의 뜻을 제대로 반영하게 하려면, 선거 전부터 후보자들을 꼼꼼하게 들여다봐야 해. 흉악한 범죄를 저지르지 않았는지, 전문가로서 능력을 갖추고 있는지 알아봐야지. 당선된 후에는 어떻게 활동하는지 살펴야 해. 국민의 뜻을 제대로 받들지 않았는데도 또 국회의원을 하겠다고 하면, 다시 뽑아서는 안 되겠지.

　국회의원은 국민이 고용한 일꾼이야. 국민이 국회의원에게 정치라는 일을 시킨 거지. 그래서 국회의원은 국민 위에 있으면 안 돼. 국회의원이 국민을 두려워하여 국민의 뜻을 따르게 하려면, 국민 스스로 민주 시민의식을 키워야 해.

의원 내각제의 대의 정치

　의원 내각제를 하는 나라는 대통령을 뽑지 않고 의원만 뽑은 다음, 뽑힌 의원이 많은 정당의 대표가 행정부를 이끄는 총리(수상)가 돼. 총리는 행정부의 각 부처를 이끌 장관을 의원 중에서 임명해. 한마디로, 의원들이 행정부와 입법부를 함께 이끄는 거야.

　그러면 이런 질문이 생길 수 있어. "행정부와 입법부가 같은 거잖아. 권력을 나누는 게 민주주의라며?" 대통령제에 장단점이 있는 것처럼, 의원 내각제에도 장단점이 있어. 의원 내각제에서 총리가 속한 정당은 입법부의 다수이기 때문에 행정부와 입법부 간의 갈등이 적어져. 좀 더 안정된 정치를 할 수 있지. 그런데 의원 내각제에서 어느 한 당이 다수를 차지하지 못하면, 행정부를 구성하기가 힘들어져. 여러 정당이 함께 모여 '연합 정부'를 구성하거나 다시 선거를 치러야 해. 또 '의회 해산'이라는 게 있어. 의원 임기가 끝나기 전에 행정부가 의원 자격을 잃게 해서 선거를 다시 치르게 하는 거야. 행정부와 입법부를 차지한 다수당이 횡포를 부릴 수 있어.

　너는 대통령제와 의원 내각제 중에 어느 제도가 대의 정치를 잘 구현한다고 생각해?

국회의원의 임무

17. 국회의원은 맨날 싸우지 않아?

"뉴스를 보면 국회의원들이 맨날 싸우던데.
싸움꾼이 되라고 국회의원을 뽑은 건 아니잖아."

"국회의원은 싸워야 해.
어떻게 해야 국가가 발전할까?
국민의 생활이 나아질까?
민주주의를 발전시킬까?
열심히 고민하고 토론해야지.
싸움은 곧 국회의원의 일이야."

아하, 그렇구나!

　국회의원의 첫 번째 일은 법안을 '심의'하고 '의결'하는 것. 심의는 법안을 새로 만들거나 고치거나 없애기 위해 의견을 나누고 토론하는 거야. 의결은 법안을 새로 만들거나 고치거나 없애기로 결정한다는 거지.

　특정한 소수자 집단을 차별해서는 안 된다는 법안(차별 금지법)을 만든다고 해 보자. 이 법안에 대해 어떤 국회의원은 모든 종류의 차별을 금지해야 한다고 주장해. 어떤 국회의원은 인종, 성별, 장애만 차별을 금지해야 한다고 주장해. 주장이 서로 다르니까 토론을 벌여야지. 토론해도 합의가 안 되면 어떻게 할까? 그러면 투표를 해. 다수결의 원칙에 따라 다수 의견이 채택돼. 이것이 법안을 심의하고 의결하는 과정이야.

국회의원의 두 번째 일은 정부의 결산안을 심사하고, 예산안을 심의하여 확정하는 거야. 정부가 다음 해 살림살이 규모를 국회에 제출하면 국회의원들이 따져 봐. 국민의 소중한 세금이 한 푼이라도 허투루 쓰이면 안 되니까. 국회의원의 세 번째 일은 나랏일을 감사하고 잘못된 점이 있으면 조사하는 거야. 입법부로서 행정부를 감시하고 견제하는 거지.

국회의원 한 사람 한 사람에게 맡겨진 임무는 막중해. 그러니까 쓸데없는 일로 싸워서는 안 되겠지.

 ## 국회의원의 의무와 특권

국회의원이 반드시 지켜야 할 의무로 '겸직 금지 의무', '청렴 의무', '품위 유지 의무'가 있어. 겸직 금지 의무는 국회의원 동안 국무총리나 국무위원 외에 다른 공직을 맡아서는 안 된다는 거야. 청렴 의무는 돈을 벌기 위한 일을 할 수 없으며, 국회의원이라는 자리로 이익을 얻어서는 안 된다는 거야. 품위 유지 의무는 국민의 대표자로서 품위를 잃어서는 안 된다는 거지.

의무가 있는 반면 권리도 있어. 국회의원에게는 두 가지 특별한 권리가 있는데, '불체포 특권'과 '면책 특권'이야. 불체포 특권은 현행범인 경우를 빼고 국회가 열려 있을 때 수사기관에 체포되지 않는 권리야. 체포하려면 절반 이상의 동료 의원이 찬성해야 해. 이 특권은 입법부를 보호하기 위해 헌법이 정한 장치야.

면책 특권은 책임을 면해 주는 권리야. 국회의원이 본회의나 위원회에서 한 발언이 다른 사람의 명예를 해칠 수 있어도 죄를 묻지 않는다는 거지. 국회 안에서 눈치 보지 않고 자유롭게 발언하도록 허용한다는 뜻이야. 그래도 뚜렷한 근거 없이 말하면 국민의 눈총을 피할 수 없어.

 ## 국회의원이 될 만한 사람

우리나라의 국회의원 가운데 여성은 얼마나 될까? 인구의 절반이 여자니까 국회의원의 절반도 여성이어야 하지 않을까? 실상은 그렇지 않아. 2020년에 뽑힌 국회의원 중 여성 의원은 5분의 1(20%)도 되지 않거든. 여전히 국회의원의 대다수는 남성이야.

국회의원은 직업이 아니므로 각계각층의 국민을 대변할 수 있어야 해. 여성뿐 아니라 장애인 등 사회적 약자도 대변해야 한다는 뜻이야. 공부 많이 한 사람과 돈 많은 사람만 국회의원이 되면, 그렇지 않은 국민은 소외되고 말 거야. 각 분야에 있는 국민이 대표자를 통해 자기 목소리를 내야 진정한 민주주의가 될 거야.

국회의원이 되고자 하는 사람 중에 법률가가 많아. 변호사, 판사, 검사였던 국회의원이 많다는 말이야. 국회의원이 법을 만들고 고치고 없애는 일을 하기 때문이긴 하지만, 바람직한 모습은 아니야.

너는 어떤 사람이 국회의원이 되어야 한다고 생각해? 어떤 일을 하는 사람들이 국회에 모여서 정치하면 좋을까?

국회가 하는 일

18. 국회는 무슨 일을 하는 거야?

"국회가 '열렸다'라고 말하잖아.
열렸다는 건 무슨 말이야?
열리면 닫히기도 하는 거야?"

"국회가 열린다는 건 국회의원들이 모여
회의를 시작한다는 뜻이야.
닫힌다는 건 회의를 끝마쳤다는 뜻이고."

    국회 안에는 위원회가 있어. 크게 상임위원회와 특별위원회가 있고, 그 밑에 소위원회가 몇 개 있어. 모든 국회의원은 이 위원회에 들어가서 일해. 상임위원회는 항상 있는 위원회로, 정부 부처가 맡은 법률을 심의하고 감독해. 특별위원회는 특별한 때에 특별한 일을 하는 위원회야. 청문회와 같이 그때그때 필요하면 만들어.

    상임위원회는 올라온 법안을 심의해. 심의가 끝난 법안은 본회의로 보내져. 본회의가 열리면 국회의원이 모두 모여 법안을 의결하지. 의결의 다른 말은 '통과'야. 그래서 뉴스를 보면 "오늘 ○○○법이 국회 본회의를 통과했습니다."란 말이 나와. 통과된 법안은 국무회의를 거쳐 확정된 후 시행돼. 법으로서 자격을 갖추게 되는 거야. 예산안 의결도 마찬가지야. 예산결산특별위원회에서 국가의 예산안과 결산안을 심의한 뒤, 본회의에서 의결해.

    국회가 닫히는 때가 있을까? 국회가 열리는 때를 '회기'라고 하는데, 해마다 한 차례 반드시 열어야 하는 '정기회'와 필요할 때마다 여는 '임시회'가 있어. 그 외 나머지 기간은 닫히는 때지. 회의를 열지 않는다고 국회가 일하지 않는 건 아니야. 국회는 국민 모두의 의견이 모이는 곳이니까 언제나 활짝 열려 있어야 해.

 **국회의사당**

 서울 여의도에 국회의사당이 있다는 거 알지? 지붕에 푸른색 돔이 얹혀 있는 건물 말이야. 봄이 되면 의사당 주변이 온통 화려한 벚꽃 물결로 변해. 시민들은 의사당 주변에서 꽃구경을 하지만, 정작 의사당은 섣불리 들어갈 수 없어. 나를 대신해 정치할 국회의원을 뽑아서

보낸 곳인데도 말이지.

 독일 사람들은 자기 나라의 국회의사당을 꼭 가 봐야 할 곳으로 추천한다고 해. 독일의 의사당도 우리 의사당처럼 지붕 위에 돔이 있는데, 그게 유리로 만들어져 있어. 독일 국민이나 관광객은 돔 꼭대기에 있는 전망대에 올라가 의사당 내부를 구경할 수 있어. 투명한 유리를 통해 의원들이 어떻게 일하는지 볼 수 있지. "국민이 위에서 지켜보고 있으니 열심히 해."라고 말할 수 있는 거야.

 국회의사당은 나라의 중요한 기관이라서 참관하려면 예약을 해야 해. 본회의를 직접 보고 싶으면 방청권을 받아 본회의장에 들어갈 수 있어. 그런데 12세 이상만 방청할 수 있어. 우리의 국회의사당이 국민의 뜻이 모이는 넓은 마당이 되려면 아직 먼 것 같아.

상원과 하원

 우리나라의 입법부는 국회 하나인데, 다른 나라는 입법부를 두 개 두고 있어. 그것을 '상원'과 '하원'이라고 하고, 그런 제도를 '양원제'라고 해. 상원과 하원은 미국 의회에서 유래된 말이야. 의원이 많은 하원은 의사당 아래층에 자리 잡고, 의원이 적은 상원은 위층에 자리 잡았기 때문이지. 상원과 하원을 두는 건 국민의 뜻을 여러 각도에서 받아들이기 위해서야.

영국은 '입헌 군주제'(왕이 있으나 실제 권한이 없고 헌법에 따라 통치)를 하는 나라로, 상원과 하원이 있어. 상원은 귀족 등 상류층을 대변하고, 하원은 서민 등 중하류층을 대변해. 미국은 '연방제'(50개 주 연합) 국가야. 상원은 각 주의 대표 자격을 갖고, 하원은 연방 시민의 대표 자격을 가져. 일본에는 상원에 해당하는 참의원과 하원에 해당하는 중의원이 있어.

상원과 하원 중에 하원의 권한이 더 커. 하원 주도로 입법 활동을 하고, 상원은 하원을 보조하거나 견제해. 이렇게 양원제를 하는 나라에는 의원 수가 많아. 상원과 하원 선거를 따로 치르기도 해. 우리나라도 한때 양원제를 했어. 의원 내각제를 한 제2공화국(1960~61년) 때였지. 상원의 명칭은 참의원, 하원의 명칭은 민의원이었어.

우리나라도 다시 상원과 하원을 두면 좋을까? 또 의원 수를 늘리는 게 좋을까, 줄이는 게 좋을까?

법 적용하기

19. 법의 적용과 집행은 뭐가 달라?

"법을 적용하는 것과 집행하는 것이 어떻게 다른 거야? 너무 어려워."

"법을 적용하는 것은 법에 따라 판결을 내리는 거야. 법을 집행하는 것은 법이 하라는 것을 실행하는 거고."

　법을 집행하는 기관은 행정부야. 산속에 집을 짓는다고 생각해 보자. 내 땅에 내 마음대로 집을 지을 수 있을까? 아니야. 사는 지역의 관청이 허가해야 집을 지을 수 있어. 그 땅이 집을 지을 땅이 맞는지 알아야 하고, 산속에 집 짓는 것이 환경을 파괴하지 않는지 살펴야 해. 건축법에는 어떤 땅에 어떻게 집을 지어야 하는지 쓰여 있어. 관청은 건축법에 정해진 대로 집을 짓는 거라면 허락해 줘.

　허가를 받아 집을 지었는데, 어느 날 관청에서 공무원이 나와서 점검을 했어. 그러더니 건축법을 어겼다면서 고발하겠다고 하네. 결국 집 짓는 문제로 나와 관청이 재판에서 맞서게 되었어. 재판이 열리면 판사는 내가 건축법을 어기지 않았는지 따져 물어. 여러 차례 재판한 뒤 무죄인지 유죄인지를 선고하지. 이렇게 사법부는 법을 적용하여 판결을 내려.

　우리는 어떤 사람이 경찰에 잡혀가면 그 사람을 범죄자라고 생각해. 그건 사실이 아니야. 경찰이라는 행정기관은 그 사람이 범죄를 저지른 것 같아서 잡아간 거야. 그 사람이 범죄자인지 아닌지는 사법부인 법원이 판단해. 이제 법의 집행과 적용이 어떻게 다른지 알겠지?

 **헌법재판소**

헌법재판소라는 특별한 재판소가 있어. 헌법재판소는 사법부에 속한 기관이 아니라 독립된 기관이야. 법을 적용한다는 면에서는 사법부와 같아.

이 특별한 재판소는 최고 법인 헌법만 다뤄. 곧 법률이 헌법에 맞는지 판단하고, 대통령과 국무위원, 법관과 검사 등 고위 공직자에 대한 탄핵(파면)을 결정해. 어떤 정당이 헌법에 어긋나게 활동하면, 그 정당을 해산할지 안 할지도 결정해. 국가 기관이 권한과 의무를 두고 서로

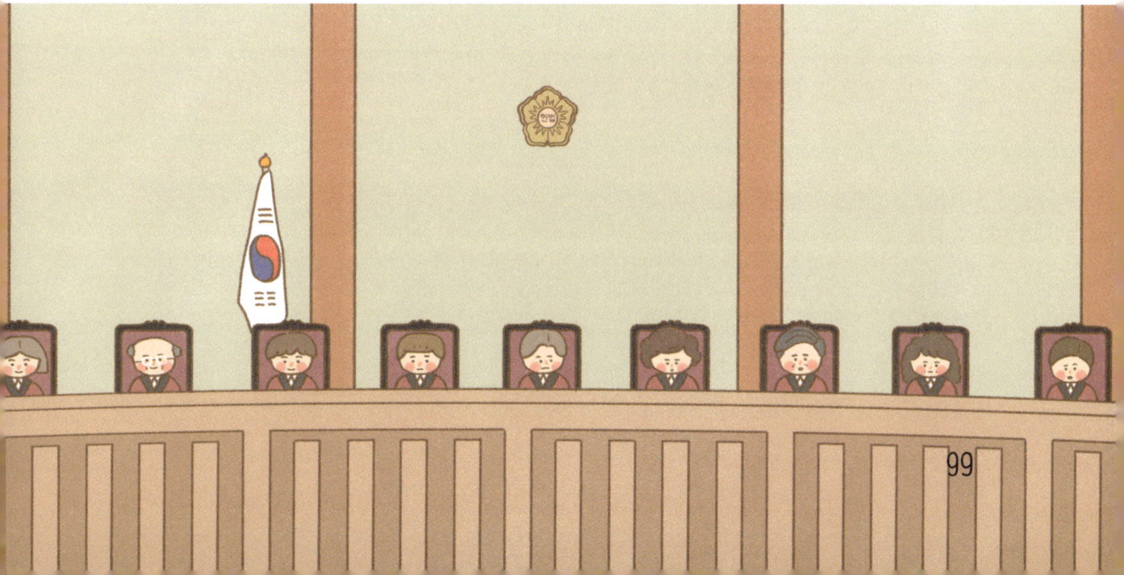

다툴 때도 판결을 내려. 국가 기관이 국민의 기본권을 침해했을 때 국민은 헌법재판소에 억울함을 호소할 수 있어.

헌법재판소의 재판관은 아홉 명이야. 세 명은 대통령이 임명하고, 세 명은 대법원장이 지명하고, 세 명은 국회가 선출해. 헌법재판소가 행정부, 입법부, 사법부 어디에도 속하지 않아서 세 권력 기관이 골고루 재판관을 선출하는 거야. 어느 한 곳에 휘둘리지 않도록 말이지.

우리나라에 헌법재판소가 생겨난 건 1960년 4·19 혁명 후였어. 1년 뒤 군사 정변을 일으킨 군사 정권은 헌법재판소를 없애 버렸지. 군사 정권은 헌법을 파괴하여 권력을 잡았기 때문에 헌법재판소가 있으면 안 되었거든. 그 후 1987년 6월 항쟁으로 헌법이 개정되어 다시 생겨났어. 헌법재판소는 민주화의 열매인 셈이야.

 ## 검사, 판사, 변호사

검사, 판사, 변호사는 무엇이 다를까? 셋 다 법을 다루는데, 신분과 역할이 달라. 우선 검사와 판사는 공무원이야. 검사는 법을 집행하는 행정부(검찰청)에 속해. 판사는 법을 적용하는 사법부에 속해. 그렇다

면 변호사는? 변호사는 어떤 국가 기관에도 속하지 않아. 어떤 문제가 재판에 부쳐지면 법을 잘 모르는 피고나 원고를 대신해 변론해 주는 사람이지. 변호사에게는 법을 집행하거나 적용할 권한이 없어.

검사, 판사, 변호사 모두 시험을 치러서 뽑아. 법을 열심히 공부한 사람이 검사, 판사, 변호사가 될 수 있어. 처음부터 변호사가 되는 사람이 있는가 하면, 검사와 판사를 그만두고 변호사가 되는 사람이 있어. 그래서 때때로 문제가 생겨. 검사와 판사를 했던 변호사가 재판에서 유리한 판결을 끌어낼 수도 있기 때문이야.

지금도 우리나라에서는 검사, 판사, 변호사라고 하면 우러러봐. 그들을 힘 있는 사람으로 여기는 거지. 너는 검사, 판사, 변호사가 어떤 사람이어야 한다고 생각해?

법관의 임무

20. 판사가 법관이야?

"판사와 법관은 같은 거야?
어떨 때는 판사라고 하고,
어떨 때는 법관이라고 하던데?"

"재판하는 사람이라는 뜻에서
판사와 법관은 같아.
그런데 어느 법원에 있느냐에 따라
다르게 부르기도 해."

아하, 그렇구나!

    법관은 사법부인 법원의 공무원이야. 법관은 헌법과 법률에 따라 양심껏 판결을 내려야 해. 어떤 사람이 마음에 들지 않는다고 해서 무거운 벌을 줄 수 없고, 어떤 사람이 마음에 든다고 해서 죄가 없다고 할 수 없어. 오직 법에 따라 죄가 있는지 없는지 결정해야 해. 솔로몬 왕처럼 누구에게나 공정한 판결을 내릴 의무가 있지.

    조선 시대에는 법관이 따로 없었어. 어떤 고을에 범죄가 생기면, 사건을 조사하고 범인을 잡고 재판하는 사람은 고을의 사또(수령)였어. 왕이 보낸 관리가 재판관 노릇까지 한 거야. 그래서 옛이야기를 보면 억울하게 죽은 백성이 귀신이 되어 사또에게 나타나서 "사또, 제 억울함을 풀어 주십시오."라고 하기도 해. 사또가 현명하고 지혜로우면 억울한 백성이 없겠지만, 사또가 모두 그렇지 않잖아. 억울하게 벌 받은 백성이 많았기 때문이겠지.

    재판만 하는 관리를 두게 된 건 1890년대부터였어. 그때 지금과 같은 재판 제도가 마련되었지. 그러다가 일제 강점기에 일본인 법관들이 조선인들을 재판했어. 많은 독립운동가가 일본인 법관에 의해 벌을 받았지. 그때 조선인 법관은 극소수였어. 그들은 일제에 반하는 판결을 할 수 없었어.

법관은 대법원의 법관인 '대법관'과, 지방법원과 고등법원의 법관인 '판사'로 나뉘어. 대법관을 포함하면 법관이라고 하고, 대법관을 빼면 그냥 판사라고 불러.

 ## 법정에서 제일 높은 자리

재판이 열리는 법정으로 가 볼까? 재판 시각이 다가오면, 재판을 보러 온 사람들이 법정에 들어갈 수 있어. 재판을 구경하는 방청객은 판사, 검사, 변호사, 피고인이 앉는 자리와 떨어져 있어. 어떤 상황에서도 판사, 검사, 변호사, 피고인이 있는 곳으로 넘어가서는 안 돼.

검사와 변호사와 피고인이 들어온 다음, 마지막으로 판사가 법정에 들어와. 그러면 법정을 지키는 경위가 사람들에게 알려. "모두 자리에서 일어서 주십시오." 판사의 권위를 존경하는 의미로 자리에서 일어서는 거야. 판사가 자리에 앉으면 재판이 시작돼.

판사는 사건에 대해 하나하나 물어봐. 재판을 제기한 검사에게 묻고, 범죄를 저질렀을 것으로 짐작되는 피고인에게 묻고, 피고인을 대신하여 변론하는 변호사에게 물어. 서로 다른 주장을 하는 검사와 변호사의 말을 주의 깊게 들은 뒤 선고를 내리지.

판사는 법정에서 제일 높은 자리에 앉아. 그건 전체를 두루 둘러보고 공정하게 판결을 내려야 하기 때문이야. 또 법정에서 거짓 없이 솔직하게 말해야 한다는 걸 일깨워 주기도 해. 판사는 법정에서 제일 높은 자리에 앉는 만큼 그 책임을 다해야 해.

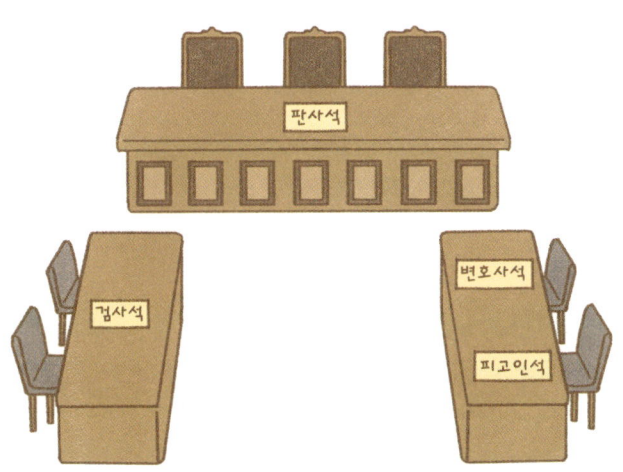

선거로 법관 뽑기

우리나라는 일정한 경력을 쌓은 법조인 중에서 법관을 선발해. 시험과 면접을 보고 점수가 높은 사람이 법관이 되지. 다른 나라는 어떨까?

미국은 연방법원과 주 법원이 법관을 다르게 뽑아. 연방법원의 법관은 대통령이 후보자를 지명하고, 상원이 인준하여 선발해. 주 법원의 판사는 주 의회와 주지사가 임명하거나 선거로 선출하거나 실적에 따라 선발해. 시민들이 투표해서 판사를 뽑는 방식이 있다는 거야. 대통령이나 국회의원처럼 말이야.

영국은 법관인사위원회에서 법관을 뽑아. 위원회에서 법관 후보자 명단을 대법관에게 주면, 대법관이 법관을 선발해. 시험과 면접 등 여러 절차를 거쳐 법관을 뽑아.

시험 점수가 높다고 훌륭한 법관이 될까? 민주주의 사회에서 훌륭한 법관을 뽑는 방식으로 무엇이 좋을까?

법원이 하는 일

21. 법원은 무슨 일을 하는 거야?

"법원은 재판하는 곳이잖아.
그런데 지방법원, 고등법원, 대법원이 있다고 들었어."

"세 법원을 함께 일러서 법원이라고 해.
대법원이 가장 높은 자리에 있어.
그래서 법원의 수장이 대법원장이야."

　재판은 어떻게 열리게 되는 걸까? 법원은 스스로 재판을 열 수 없어. 누군가 재판을 열어 달라고 해야 하지. 법에 정해진 범죄를 저질렀을 때는 국가가 재판을 열어 달라고 해. 도둑질을 하거나 사람을 상하게 하거나 죽였을 때, 그 죄를 피해자가 물을 수 없으니 국가가 나서는 거야. 검사는 범죄자로 의심되는 사람을 재판에 부쳐. 그러면 판사가 법을 어겼는지 어기지 않았는지 판결하지.

　개인과 개인 사이에 문제가 생기면, 개인이 법원에 재판을 걸 수 있어. 예를 들어 이웃집 나무가 무성하게 자라서 우리 집에 들어오는 햇빛을 막는다면, 이웃집을 상대로 재판을 신청할 수 있어. 이럴 때는 재판을 건 사람이 '원고'가 되고, 재판의 대상이 된 사람이 '피고'가 돼. 원고와 피고는 각자 변호사를 고용하여 자신의 주장을 펼쳐.

　법원 중에 지방법원, 고등법원, 대법원과 다른 법원이 있어. 가정법원과 행정법원이야. 가정법원은 가정에서 일어나는 문제를 다뤄. 이혼 문제, 부모에게 재산을 물려받는 문제, 재산을 나누는 문제, 친자식인지 아닌지 가르는 문제 등이야. 행정법원은 행정기관에서 부당한 처분을 당했을 때 재판해 달라고 하는 곳이야.

재판은 삼세번

재판은 세 번 한다는 말을 들었을 거야. 딱 한 번 재판하면 잘못된 판결이 나올 수 있어서 세 번 해. 이걸 '3심제'라고 하지.

첫 번째 1심은 지방법원에서 열려. 1심 결과를 받아들이지 못하면, 두 번째 재판을 해 달라고 요청해. 두 번째 2심은 고등법원에서 열려. 2심은 1심이 제대로 되었는지 살펴보는 거야. 2심 결과도 받아들이지 못하면, 세 번째 재판을 해 달라고 요청해. 마지막 세 번째 3심은 대법원에서 열려. 1심과 2심이 제대로 되었는지 살펴보고 최종 판결을 내려.

그런데 3심 대법원에서 1심과 2심이 잘못되었다고 판단하면, 재판을 다시 2심 고등법원으로 돌려보내. 다시 재판하라는 거지. 그런 다음 또 대법원으로 넘어가. 그래서 최대 다섯 번 재판을 할 수 있어.

재판을 세 번까지 해서 유죄 판결을 받았는데도 무죄임을 밝히고 싶으면, 재심을 청구할 수 있어. 재판을 처음부터 다시 해 달라고 요청하는 거야. 한 명이라도 억울한 판결을 받아서는 안 되기 때문에 이런 제도를 만들게 되었지.

국민이 참여하는 재판

재판을 담당하는 판사는 몇 명일까? 간단한 사건일 경우 판사 혼자서 해. 복잡하고 해결하기 어려운 사건은 세 명이 하지. 판단하기 어려운 사건일 경우 모든 법관이 재판에 참여해. 대법원에는 대법원장 1명과 대법관 13명이 있는데, 국민의 관심이 높고 논란이 큰 사건일 때 14명 대법관이 함께 모여 판결을 내려. 이때는 대법원장이 재판장이 돼.

혼자가 아니라 여럿이 함께 재판하는 이유는, 공정한 판결을 내리기 위해서야. 그렇다고 해서 늘 완벽한 판결을 할 수는 없지. 그래서 도입한 것이 국민참여재판이야. 20세 이상의 국민 가운데 무작위로 뽑힌 배심원들이 형사 재판에 참여하여 죄가 있는지 없는지 결정하는 제도지.

하지만 배심원들의 결정이 곧 재판 결과가 되지는 않아. 판사가 배심원들의 생각을 참고하여 마지막 선고를 하기 때문이야. 공정한 재판을 위해 판사가 국민의 판단을 듣는 것이라고 할 수 있어. 미국 법원에서는 배심원들이 판결을 내릴 수 있어. 우리와 다른 점이지.

너는 이런 배심원 제도를 어떻게 생각해? 국민참여재판이 민주주의 발전에 어떤 도움이 될까?

여론의 뜻

22. 여론이 뭐야?

"여론조사 결과 대통령 지지율이 몇 퍼센트라는 뉴스를 봤어. 여론이란 무슨 말이야?"

"여론의 '여'는 '함께', '론'은 '의견'을 뜻해. 두 글자의 뜻을 합치면 '여럿이 함께 가진 의견'이지. '많은 사람이 지지하는 공통된 의견'을 말해.

 대통령이 국민에게 봉사하고 좋은 정책을 잘 펼치면서 국민을 잘 살게 하면, 많은 사람이 대통령을 응원하고 지지할 거야. 이럴 때 대통령에 대한 국민의 여론은 '긍정'이라고 할 수 있어. 대통령 얘기가 나오면 많은 국민이 고개를 끄덕이며 손뼉을 쳐주겠지.

 하지만 대통령이 자기 마음대로 하면서 민주주의를 위기에 빠뜨리고 국민의 삶을 돌보지 않으면, 대다수 국민은 대통령을 외면할 거야. 국민의 여론이 '부정' 쪽으로 쏠리겠지. 대통령의 '대' 자만 나와도 얼굴을 찌푸릴 거야.

 그래서 정치인들은 국민의 여론을 살펴봐야 해. 그렇지 않고 자기 생각대로 하면 국민이 절대 따르지 않아. 1960년 3월 15일 부정 선거로 온 국민이 분노했어. 미리 표를 만들어 투표함에 넣고, 세 명씩 다섯 명씩 투표하게 했어. 투표를 감시하는 사람을 내쫓기도 했지. 그렇게 부정 선거가 일어났는데도 이승만 대통령은 가만히 있었어. 국민이 단단히 화가 났다는 걸 모른 척했지. 결국 대통령 자리에서 쫓겨나고 말았어. 여론을 살피려 하지 않았기 때문이야.

지도자는 늘 국민의 목소리에 귀를 기울여야 해. 국민이 어떤 점을 못마땅해하는지, 어떤 정책이 펼쳐지기를 바라는지 두루두루 살펴야 하지. 현명한 지도자는 국민 위에 올라서려고 하지 않아. 국민과 함께 하려고 하지. 모든 정치 지도자는 국민의 일꾼이니까.

여론조사

여론조사는 어떻게 이루어질까? 아무에게나 물어봐서 여론을 알아보는 걸까? 그렇지 않아. 여론조사는 과학적으로 이루어져. 국민 모두의 의견을 물어보려면 시간이 오래 걸리고, 돈도 많이 들겠지? 그래서 국민을 대표할 표본을 만들어. 나이, 사는 곳, 직업, 남녀 등을

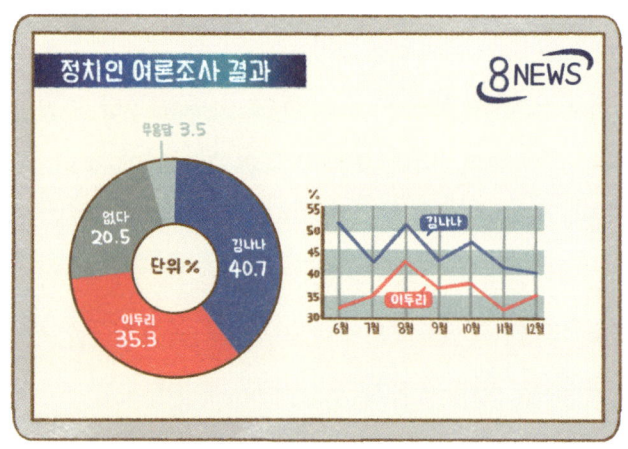

구분하여 표본을 정해. 1천 명일 수도 있고, 2천 명일 수도 있어.

그다음에 질문을 해. "당신은 평소에 어느 정당을 지지합니까?" "당신은 대통령이 일을 잘한다고 생각합니까?" 이런 질문은 지지율을 조사하기 위한 거야. 이렇게도 물어볼 수 있어. "이번에 만든 ○○법에 찬성하나요? 반대하나요?" "어버이날을 공휴일로 정하는 데 찬성하나요? 반대하나요?" 이런 질문은 찬성과 반대를 조사하기 위한 거지.

국회의원 선거나 대통령 선거처럼 큰 선거 때는 여론조사를 자주 해. 여론조사로 선거에 나설 후보를 뽑기도 하지. 그러나 여론조사가 꼭 들어맞는 건 아니야. 여론조사에서 뒤처진 후보가 당선되기도 하니까.

 **정치와 여론**

정치인들은 여론에 아주 민감해. 여론으로 자신이 펼칠 정책을 만들어 가지. 그런데 정치인이나 정당은 일부러 여론을 만들기도 해. 여론은 국민 사이에서 저절로 생겨나는 것이지만, 권력을 가진 사람에 의해 만들어지기도 한다는 말이야.

이를테면 사형제도 찬성 여론을 만들어 선거를 유리하게 이끄는 거야. 현재 우리나라는 사형을 집행하지 않고 있어. 사형이 인간의 존엄성을 해치는 일이라서, 사형제도는 있지만 실제 사형하지 않아. 그런데 아주 흉악한 범죄가 일어나면, 잠자고 있던 사형을 다시 해야 한다고 목소리를 높이는 정치인이 나타나. 사람들의 분노를 자극하여 인기를 끌려는 거야. 사형제도를 깊이 생각하지 않고 자신의 이익만 위해 행동하는 모습이지.

여론이 올바르게 형성되려면 토론이 활발하게 이뤄져야 해. 어떤 정책이 우리 사회를 위해 좋을지 깊이 생각하고 의견을 나눠야 하지.

너는 친구들과 함께 어떤 문제를 두고 토론하고 싶어? 정치를 주제로 토론한다면 어떤 주제가 좋을까?

제4의 권력, 언론

23. 신문, 방송, 인터넷이 모두 언론이야?

"나는 기자가 되는 게 꿈이야.
기자가 되어서 세상에서 일어나는 일을 알리고 싶어."

"그 꿈 꼭 이루기를 바라.
그런데 기자가 하는 일 중에
권력을 감시하는 일이 있다는 거 알아?"

우리나라 최초의 신문은 무엇일까? 1896년에 창간된 '독립신문'이야. 당시 조선은 서양 여러 나라와 일본의 간섭을 받고 있었어. 강한 나라들은 조선을 집어삼키려고 눈을 부라렸지. 그래서 서재필을 비롯한 개화파는 자신들의 개혁 정책을 백성들에게 알려서 지지를 얻으려 했어. 독립신문이 가장 강조한 것은 나라의 독립이었어. 백성들이 신문을 읽고 배워서 조국을 침략하려는 나라들에 맞서도록 한 거야.

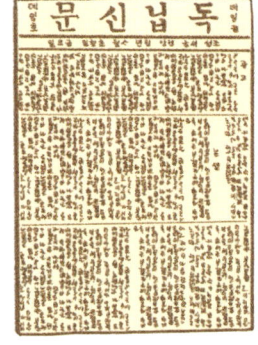

그 뒤 일제 강점기에 '조선일보'와 '동아일보'가 창간되었어. 일제 강점기라는 어두운 시절에 두 신문은 민족의식을 높이려고 애썼어. 특히 동아일보는 베를린올림픽 마라톤 경기에서 우승한 손기정 선수 가슴에 붙은 일본 국기를 지우는 용기를 보였지. 그러나 일제 강점기 말, 두 신문은 결국 일제에 무릎을 꿇고 협력하고 말았어. 조선의 청년들에게 일제가 일으킨 전쟁에 참여하라고 앞장서서 외쳤어.

신문, 방송, 인터넷 언론 등 모든 언론은 권력을 감시해. 그래서 행정부, 입법부, 사법부 다음의 '네 번째 권력'으로 불려. 그러나 일제 강점기와 같이 나라를 빼앗긴 때와 군사 독재 시절에 언론  은 권력의 시녀가 되었어. 언론이 독재 정권을 감시하는 것이 아니라, 거꾸로 독재 정권이 언론을 감시하고 못살게 굴었지. 정권을 비판하는 기사가 조금이라도 있으면, 가차 없이 지워 버리곤 했어. 용기 있는 기자들이 붙잡혀 가기도 했고.

궁금증 해결 언론의 자유와 책임

민주주의인지 아닌지 알 수 있는 것 중 하나가 '언론이 얼마나 자유로운가'야. 언론이 누구의 간섭도 받지 않고 정치인과 정치를 자유롭게 비판해야 민주주의라는 말이야. 그래서 헌법 제21조 제1항에 언론의 자유를 보장해 놓았어.

"모든 국민은 언론·출판의 자유와 집회·결사의 자유를 갖는다."

언론의 자유를 갖는다는 말은, 어떤 생각과 의견을 자유롭게 밝힐 수 있다는 거야. 누구도 내 생각이 담긴 말과 글을 막을 수 없다는 뜻이기도 해. 민주주의 사회에서는 말을 못 하게 입을 틀어막을 수 없고, 글을 못 쓰게 손을 묶어 놓을 수 없어.

그런데 자유에는 반드시 책임이 따라. 여러 사람에게 보인 내 말과 글에 책임을 져야 한다는 거지. 사실이 아닌 거짓을 아무렇게나 말하거나 글로 쓸 수 없어. 그게 바로 언론의 책임이야. 어떤 근거도 없이 정치인을 비판해서는 안 되겠지? 사실이 아닌 거짓으로 국민을 속여도 안 돼. 늑대가 안 나타났는데 나타났다고 한 양치기 소년이 되면 안 되잖아.

모든 시민이 언론

　예전 언론은 신문과 방송이었어. 정보통신 기술이 발달하면서 인터넷이 새로운 언론으로 자리 잡았지. 요즘 사람들은 종이 신문을 잘 읽지 않잖아. 대개 인터넷에 뜬 기사를 읽지. 또 예전에는 돈 있는 사람이 신문사와 방송사를 만들었어. 그러나 지금은 돈이 없어도 언론을 만들 수 있어. '1인 방송'으로 말이야. 시민도 기자가 될 수 있지.

　어린이도 기자가 될 수 있을까? 어린이도 언론을 만들 수 있을까? 당연히 만들 수 있어. 스마트폰 하나로 취재하고 영상을 만들어 올릴 수 있잖아. 예를 들어 우리 동네를 흐르는 냇물이 어느 날 갑자기 더러워졌다면, 왜 그랬는지 취재하여 영상을 만들 수 있지. 꼭 영상을 만들지 않아도 돼. 사진을 찍어서 SNS에 올리면 간단하니까.

　사회가 열려 있을수록 사람들은 자유롭게 토론해. 그 토론이 정치에 영향을 미치지.

　너는 민주 사회의 시민으로서 어떤 문제를 사람들에게 알리고 싶어?

가짜 뉴스와 민주주의

24. 뉴스는 모두 사실이야?

"친구에게 뉴스를 알려 줬는데,
친구가 그건 가짜 뉴스래.
내가 인터넷에서 봤다고 했는데도 가짜라는 거야.
뉴스는 모두 사실 아니야?"

"뉴스는 사실이어야 해.
그런데 거짓 뉴스와 가짜 뉴스가 만만치 않게 많아.
가짜 뉴스가 왜 생기는지 알아볼까?"

아하, 그렇구나!

　기자들은 뉴스 현장에 직접 나가서 발로 뛰며 취재해. 이 사람 얘기 들어 보고, 저 사람 얘기도 들으면서 진실에 가까운 기사를 쓰지. 그런데 현장에 나가지 않고, 자세히 알아보지도 않은 채 기사를 쓰는 기자들이 있어. 확인도 하지 않고 그럴 거라고 짐작하는 거야. 이럴 때 거짓에 가까운 뉴스가 만들어져.

　가짜 뉴스는 잘 몰라서 만들어진 뉴스가 아니야. 일부러 만든 거야. 왜 그러냐고? 가짜 뉴스를 만들어서 사람들을 속이고 이득을 얻기 위해서지. 인터넷이 발달하면서 사람들은 온갖 정보를 받게 돼. 받고 싶지 않아도 받잖아. 가짜 뉴스를 만드는 사람들은 그 점을 이용해서 가짜 뉴스를 마구 뿌려. 이런저런 정보를 짜깁기해서 진짜인 듯 꾸며. SNS는 가짜 뉴스가 퍼지는 통로가 되지.

　가짜 뉴스는 독버섯과 같아. 전염성이 강한 바이러스와도 같지. 한번 퍼지기 시작하면 걷잡을 수 없어서 진짜 뉴스로 착각하게 돼. "누구는 비타민C를 많이 먹어서 감염병이 나았다더라." "누구는 어떤 약을 먹었더니 씻은 듯이 나았다더라." 그럴듯한 근거를 들어 설명하니까 속을 수밖에 없지.

 **위험천만한 가짜 뉴스**

 가짜 뉴스는 죄 없는 사람들을 죽게도 해. 1923년 일본 관동 지방에 큰 지진이 일어났어. 수십만 명이 죽거나 다치고, 수많은 건물이 무너지고, 도시는 불바다가 됐어. 일본 정부는 지진으로 흉흉해진 민심을 누그러뜨리려고 위험천만한 가짜 뉴스를 퍼뜨렸어. 일본에 사는 조선인들이 우물에 독약을 넣었다는 거야. 게다가 폭동까지 일으키려 한다는 거야.

이런 가짜 뉴스에 속은 일본인들은 "조선인은 모조리 죽여라!" 하면서 조선인이라면 눈에 보이는 대로 마구 학살했어. 그야말로 극악무도한 만행을 저질렀지. 가짜 뉴스가 얼마나 무서운지 이제 알겠지?

선거 때가 되면 가짜 뉴스가 활개를 쳐. 2016년 미국에서는 대통령 선거가 한창이었는데, SNS에 이런 뉴스가 떠돌았어. "프란치스코 교황이 트럼프를 지지한다." 당시 교황은 트럼프 후보를 못마땅하게 여겨 비판의 목소리를 냈는데, 오히려 트럼프를 지지한다는 뉴스였지. 이 뉴스는 어느 작은 도시에 사는 10대 청소년들이 여러 사이트의 글을 짜깁기해서 만든 것으로 밝혀졌어. 장난삼아 올린 글이 엄청난 반응을 일으킨 거야.

가짜 뉴스 구분하기

어린이와 청소년은 아직 배워야 하는 나이여서 가짜 뉴스를 쉽게 받아들여. 미국의 한 대학교가 조사한 것에 따르면, 미국의 10대 청소년 중 82%가 SNS로 오고 가는 가짜 뉴스를 진짜 뉴스라고 착각한다는 거야. 가짜 뉴스와 진짜 뉴스를 잘 구분하지 못하는 거지.

요즘에는 뉴스가 너무 많아. 뭐가 가짜이고 진짜인지 모를 때가 자주 있어. 언론이 자유로워지는 만큼 가짜 뉴스도 많아지는 거야. 그러면 가짜 뉴스와 진짜 뉴스를 어떻게 구분할까?

먼저 어디서 나온 뉴스인지 살펴봐야 해. 믿을 수 있는 신문사나 방송사에서 나온 뉴스가 아니라면 가짜 뉴스일 수 있어. 두 번째는 누가 쓴 기사인지 보는 거야. 진짜 기자가 쓴 게 아니라면 가짜 뉴스일 수 있어. 그런데 우리가 가짜 뉴스인지 아닌지를 구분하지 못하는 건, 우리가 가진 고정관념 때문이야. 보고 싶은 것만 보고, 듣고 싶은 것만 들으려는 마음 때문이지.

정치가 올바르게 발전하려면 가짜 뉴스가 사라져야 해. 네가 정치인이라면 가짜 뉴스를 어떻게 없앨 수 있을까? 가짜 뉴스로 피해를 보지 않으려면 어떤 정책을 마련해야 할까?

중앙 정부와 지방 정부

25. 지방 정부는 또 다른 정부야?

"지방 선거가 곧 다가온다고 들었어.
우리 지역 시장을 뽑는다던데,
대통령만 뽑으면 되는 거 아냐?"

"나라가 발전할수록 벌어지는 일과
결정해야 할 일이 많아져.
그 많은 일을 대통령과 정부 혼자 할 수는 없어."

　국민이 내는 세금은 두 군데로 들어가. 한 곳은 중앙 정부, 다른 한 곳은 지방 정부(지방 자치단체)야. 둘 중에 중앙 정부로 들어가는 세금이 훨씬 많아. 중앙 정부는 국방, 외교, 교육, 도로와 항만 건설 등 돈이 많이 들어가는 일을 하거든. 지방 정부는 지역 주민을 위해 세금을 써. 복지, 의료, 환경 등 좀 더 주민의 일상 생활에 밀접한 일을 해. 이렇게 중앙 정부와 지방 정부가 '따로 또 같이' 일하는 방식을 '지방 자치'라고 불러.

　지방 자치는 민주주의를 먼저 시작한 유럽에서 발전해 왔어. 원래 유럽의 나라들은 국가보다 자기 지역이 우선이었어. 우리나라처럼 왕이 각 지방에 관리를 직접 보내서 나라를 다스리지 않았기 때문이야. 그래서 유럽 대부분의 나라는 여러 개의 주가 한 나라를 이뤄. 국가가 먼저 생기고 주를 나눈 게 아니라, 먼저 있던 여러 주가 한 국가를 만든 거야.

　지방 자치의 장점은 주민과 지방 정부가 자신들의 문제를 스스로 해결할 수 있다는 거야. 주민들이 자신의 생각과 의견을 좀 더 쉽게 내보일 수 있지. 우리 동네를 특색 있게 발전시킬 수도 있어. 산이 많은 지방과 바다에 접한 지방은 발전 방향이 다를 거야. 인구가 많은 지방과 인구가 적은 지방의 복지 정책은 다르겠지. 우리 동네의 특성을 최대한 살리려는 것이 지방 자치의 목적이야.

궁금증 해결 우리나라의 지방 자치

'조선 팔도'라는 말을 들어봤을 거야. 조선 시대에는 여덟 개의 도가 있었다는 말이지. 북쪽부터 함경도, 평안도, 황해도, 강원도, 경기도, 충청도, 전라도, 경상도. 각 도마다 독특한 말인 사투리가 있잖아. 우리나라 땅이 작은데도 도마다 말이 조금씩 다르다는 게 신기하지. 이렇게 지역별로 특색이 있어.

조선 시대에는 왕이 각 도와 도 아래 지역까지 관리를 보냈어. 관리는 왕을 대신하여 백성들을 다스렸어. 어질고 훌륭한 관리라면 백성을 잘 이끌었겠지만, 그런 관리는 흔하지 않았어. 어떻게든 백성들의 피와 땀을 짜내서 제 이익을 얻으려 했거든. 백성들은 자신들의 문제를 스스로 해결할 수 없었어. 관아에 가야 해결할 수 있었지만, 관아의 문턱은 너무나 높았어.

우리나라의 지방 자치는 1952년에 시작되었어. 낯선 제도여서 제대로 시행되지 못했지. 무늬만 지방 자치였어. 1961년 군사 정변이 일어나고는 아예 없어졌어. 군사 정권은 강력한 권력으로 나라의 모든 곳을 지배하려 했거든. 그 뒤 민주화가 된 1991년에야 내가 사는 곳의 의원을 뽑을 수 있었어. 4년 뒤에는 시장과 도지사, 구청장과 군수를 뽑을 수 있었지.

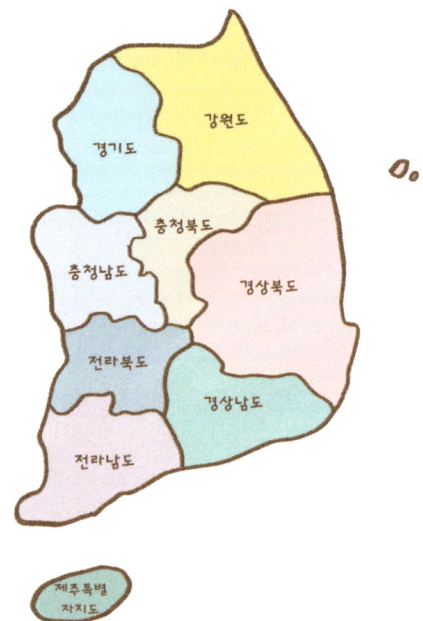

 **주민소환제**

국민이 뽑은 대통령이라도 헌법에 어긋나는 잘못을 저지르면 그만두게 할 수 있어. 주민이 뽑은 시장과 도지사, 구청장과 군수도 마찬가지야. 법을 어기고, 부당한 행위를 하고, 권력을 마음대로 휘두르면 주민들에 의해 자리를 내놓아야 해. 이를 '주민소환제'라고 해.

'소환'이란 말은 게임하면서 자주 들어봤을 거야. 소환은 불러들인다는 뜻인데, 정치에서는 국민의 의사에 따라 선출한 공직자를 임기 전에 파면시키는 걸 말해. 공직자 자리에서 일반인 자리로 불러들이는 거지. 이런 제도를 두는 이유는 공직자가 법을 어기면서 일하면 안 되기 때문이야. 오직 국민에게 권력이 있으니까.

주민소환은 투표로 결정돼. 선거권을 가진 주민 중에 3분의 1 이상이 투표해야 하고, 투표 수의 절반 이상이 찬성이면 확정돼. 3분의 1 이상이 투표하지 않으면 아예 개표를 하지 않아.

지금까지 우리나라에서 주민소환이 이뤄진 적은 거의 없어. 낮은 투표율 때문이지. 주민소환제가 제대로 자리 잡으려면 어떤 점을 개선해야 할까?

지방의회가 하는 일

26. 시의원, 도의원, 구의원이 있다던데?

"시의원, 도의원, 구의원, 군의원…
뭐가 뭔지 모르겠어.
의원이 왜 이렇게 많아?"

"많아서 헷갈릴 수 있어.
하나씩 차근차근 설명해 줄 테니 잘 들어봐."

지방 자치단체(지방 정부)는 크게 둘로 나뉘어. 광역 자치단체와 기초 자치단체. '서울특별시, 인천광역시, 대전광역시, 광주광역시, 부산광역시, 울산광역시, 대구광역시, 세종특별자치시, 경기도, 강원도, 충청북도, 충청남도, 전라북도, 전라남도, 경상북도, 경상남도, 제주특별자치도'가 광역 자치단체에 속해. 이런 광역 자치단체의 의회를 광역의회라고 해. 광역의회를 구성하는 의원은 '시의원', '도의원'이야.

기초 자치단체는 17개 광역시·도 밑에 있는 '시', '군', '구'를 말해. 이런 기초 자치단체의 의회를 기초의회라고 해. 기초의회를 구성하는 의원은 '시의원', '군의원', '구의원'이야. 그런데 광역시의 의원과 일반시의 의원을 부르는 명칭이 같아서 혼란스러워. 그럴 때는 서울특별시의원, 강릉시의원으로 구분해야 해.

지방 선거를 할 때 지방의회 의원도 같이 뽑아. 서울시 종로구에 사는 사람은 서울시의원과 종로구의원을 뽑아. 강원도 강릉시에 사는 사람은 강원도의원과 강릉시의원을 뽑지. 충청북도 보은군에 사는 사람은 충청북도의원과 보은군의원을 뽑아.

풀뿌리 민주주의

지방의회의 의원은 지방 주민의 대표자라고 할 수 있어. 구, 군, 시, 도, 광역시·특별시의 주민을 각각 대표하는 거야. 작은 지역부터 큰 지역까지 주민의 뜻이 골고루 반영되도록 하지.

지방의회가 생기기 전에 그와 비슷한 것이 있었어. 지역 주민이 자신들의 문제를 스스로 해결하는 문화, '두레'였어. 두레는 우리나라가 대대로 농사를 지을 때 생겨났어. 벼농사를 지으려면 일손이 굉장히 많이 필요해. 논 갈고 모심고 모내기하고 김매고 수확하는 등 혼자서는 결코 할 수 없거든. 특히 김매기는 농민들에게 가장 힘든 일이었어. 그래서 서로 일손을 나누면서 농사를 지었지. 두레를 '품앗이'라고도 해. "오늘은 ○○네 품앗이하는 날이야." 하고 얘기하곤 했어.

지금도 평범한 시민들이 공동체를 이루어서 모두의 이익을 위해 노력하고 있어. 도서관 운동, 우리 농산물 나누기 운동, 생명 살리기 운동처럼 말이야. 시민들이 지역 문제에 스스로 참여하는 모습이지. 지방의회가 지방 정부를 견제하고 감시하는 것과 함께 '풀뿌리 민주주의'라고 할 수 있어.

 ## 지역 일꾼의 자격

지방 의원은 대개 한 동네에 오래 살아서 동네 사정을 잘 아는 사람이야. 동네 사람들을 잘 알고 그들에게 필요한 것이 무엇인지 잘 살피는 사람이지. 동네 일꾼, 지역 일꾼인 셈이야.

그런데 지방 의원 중에는 어깨에 힘 주고 다니는 사람이 많아. 돈이 많아서 으스대는 사람이 있고, 여러 단체를 맡아서 이름이 알려진 사람도 있어. 국회의원이 되기 위해 지방 의원으로 출마하기도 해. 한 번 의원이 되고 나서 여러 번 하기도 하고.

지방 의원을 뽑을 때 후보자가 어떤 사람인지 잘 모를 때가 많아. 평소에 주민들과 소통하지 않다가 선거 때만 나타나기도 하거든. 지방 선거 때 총 네 장의 투표용지를 받는데, 대개 자기가 지지하는 정당의 후보자들을 찍어. 후보자를 잘 모르면서 말이야.

참된 지역 일꾼을 뽑으려면 어떻게 해야 할까? 어떤 후보자가 우리 지역을 위해 성실하게 일할지 알아볼 방법은 무엇일까?

지역 문제와 주민 참여

27. 우리 동네 문제는 어디에 말해야 해?

"집 바로 앞에 가로등이 생겼어.
환해서 밤에 다니기는 좋은데,
너무 밝아서 잠을 못 자겠어.
어떻게 해야 해?"

"잠을 못 자서 무척 피곤하겠다.
해결할 방법은 네가 사는 지역의 구청이나 시청,
군청에 민원을 넣는 거야.
민원을 받은 행정기관은 반드시 답하게 되어 있어.
곧 해결될 거야."

아하, 그렇구나!

　살다 보면 다양한 문제가 생겨. 가족 안에서 일어나는 문제는 가족이 해결해야 해. 학교에서 생긴 문제는 학교에서 해결해야 하고. 그런데 집 앞에 생긴 가로등은 우리 집에서 설치한 게 아니잖아. 주민들의 안전을 위해 구청에서 세금으로 설치한 거지. 그래서 구청에 민원을 넣어야 해. 그때 이웃 주민들과 함께 하면 더욱 좋아. 그만큼 많은 주민이 불편하다는 뜻이니까.

구청에는 공무원이 있어. 공무원은 주민들이 어떤 불편을 느끼는지 알아야 해. 어느 도로가 파였는지, 어떤 신호등이 고장 났는지, 어느 곳의 나무가 쓰러졌는지, 어느 버스정류장의 유리가 깨졌는지 살필 의무가 있어. 곳곳에서 일어나는 문제를 찾아 해결하는 게 공무원이 할 일이니까.

하지만 그 많은 문제를 공무원이 다 알 수 없어. 거기 사는 주민들이 불편함을 해결해 달라고 나서야 해. 어느 날 갑자기 코를 쥘 만큼 이상한 냄새가 난다면, 구청에 알려서 원인을 찾고 해결하도록 해야 해. 구청에서 해결하지 않고 밍기적거리면, 주민들과 함께 구청에 찾아가서 빨리 해결하라고 소리쳐야지. 내가 사는 곳이 좀 더 깨끗해지고 밝아지고 안전해지기 위해 발벗고 나서 보자.

 **주민투표**

국회의원과 지방의회 의원을 뽑는 건 우리를 대신해서 나라와 지역 살림을 봐 달라는 뜻이야. 그런데 대신 맡기지 않고 직접 정치 의사를 밝힐 때가 있어. 국가의 가장 중요한 일을 결정할 때는 '국민투표'를 하고, 지역의 가장 중요한 일을 결정할 때는 '주민투표'를 해.

국민투표는 헌법을 고칠 때 꼭 해야 하는 절차야. 대통령이 국가의 안위에 대한 중요한 정책을 내릴 때도 국민투표에 부칠 수 있어. 찬성과 반대, 둘 중 하나를 선택하여 정치 의사를 나타내지. 주민투표도 마찬가지야. 주민들이 자기 생활에 영향을 미치는 중요한 사항에 대해 직접 투표하여 의사를 나타내.

2005년에 경주시, 군산시, 영덕군, 포항시에서 주민투표가 이뤄졌어. 원자력 발전 후에 버려지는 폐기물을 어느 곳에서 처리할지 결정하기 위해서였어. 원자력 폐기물에는 방사성 물질이 있어서 만약 유출되면 엄청난 문제를 일으킬 수 있으니까 주민의 뜻을 반드시 물어봐야 했지. 투표 결과 경주시가 가장 높은 찬성율을 보였어. 주민투표를 하지 않고 정부가 무작정 밀어붙였다면 큰 혼란이 벌어졌을 거야. 주민투표는 직접 민주주의에 따른 제도라고 할 수 있어.

시티 홀과 시청

도의 행정기관은 도청, 시의 행정기관은 시청, 군의 행정기관은 군청, 구의 행정기관은 구청이야. 한자 '청'은 관청을 뜻해. 어떤 사람들은 관청이라고 하면 쉽게 다가갈 수 없는 곳이라고 생각하기도 해.

시청은 영어로 '시티 홀(City Hall)'이야. 홀은 '넓은 방'을 뜻해. 그러니까 시티 홀은 '도시의 넓은 방'이란 뜻이지. 홀은 중세 유럽의 큰 저택에서 무도회나 큰 잔치를 위한 방이었다고 해. 지금으로 치면 가족이 함께 모이는 넓은 거실이겠지. 그렇다면 시티 홀은 주민들이 다 같이 모일 수 있는 넓은 공간일 거야.

주민들은 시티 홀에 모여서 뭘 할까? 시장에게 자신들의 요구사항을 말할 거야. 이렇듯 시티 홀이란 시장과 주민이 소통하는 공간이야. 단순히 시의 행정 업무를 하는 곳만은 아니지. 한자 '청(廳)'에는 들을 '청(聽)' 자가 있어. 시장이 주민의 의견을 잘 들어야 한다는 뜻일 거야.

시청과 같은 관청은 시장과 공무원만의 공간일까, 아니면 주민 모두의 공간일까?

지구촌의 다양한 문제

28. 지구촌에는 어떤 일들이 일어나?

"아직도 전쟁하는 나라가 많다며?
굶주리는 사람도 많다고 들었어."

"안타깝게도 지구촌에는 전쟁과
굶주림이 계속되고 있어.
한쪽은 새로운 과학기술로 나날이 발전하는데,
다른 한쪽은 마실 물조차 없지."

인류는 20세기에 엄청난 전쟁을 치렀어. 두 차례나 맞붙은 세계대전으로 수많은 사람이 죽고 삶의 터전을 잃었어. 그런 전쟁을 한 번 더 했다간 인류 전체가 사라질지도 모른다고 생각했지. 그래서 전쟁을 막자고 결의했어. 인류가 좀 더 밝은 미래로 나아갈 것을 희망했지.

그러나 여전히 굶주리는 사람, 전쟁하는 나라, 가난한 사람, 전쟁 때문에 피난 가는 사람들이 있어. 또 지구 온난화로 기후 위기를 맞고 있지. 큰 홍수가 나서 사람들이 죽거나 다치고, 빙하가 녹고 바닷물이 따뜻해져 날씨가 이상해졌어. 사람뿐 아니라 동물과 식물도 점점 살기 어려워졌지. 과학기술이 점점 발전할수록 환경은 파괴되어 생태계가 뒤틀리고 있고. 점점 독해진 감염병도 인류를 위협하고 있어.

지구촌의 수많은 문제를 어떻게 해결해야 할까? 슈퍼히어로가 '짠' 하고 나타나 모든 문제를 한꺼번에 해결해 줄 수 있을까? 그건 실제 일어날 수 없는 일이야. 결국 갈등을 해결하고 새로운 가치를 만들어 가야 할 '정치'가 문제를 해결해야지.

'우리나라는 괜찮잖아. 우리나라와 상관없는 일이잖아. 나에게 나쁜 영향을 끼치지는 않잖아.'

이런 생각은 곤란해. 지구촌에 사는 이상 지구촌의 문제는 우리 모두의 문제니까. 우리 앞에 놓인 문제를 우리가 해결하려고 해야 지구촌의 앞날이 밝아질 거야.

 ## 연결되어 있는 지구촌

'나비 효과'라는 말이 있어. '브라질의 한 나비가 날갯짓을 하면, 미국의 텍사스에 돌풍을 일으킬 수 있다.' 나비의 단순한 날갯짓이 돌풍과 같은 큰 변화를 일으킨다는 뜻이야. 과학 이론에서 출발한 이 말은 정치에서도 쓰여. 작고 사소한 사건 하나가 나중에 엄청난 효과를 가져올 수 있다는 거지.

제1차 세계대전은 세르비아의 한 청년에게서 시작되었어. 당시 오스트리아 황태자가 세르비아를 방문했어. 오스트리아는 세르비아를 침략하려고 호시탐탐 노리고 있었거든. 애국심이 강한 세르비아 청년은 황태자를 암살했어. 자기 나라를 침략하려는 나라에 경고를 날린 셈이지. 암살한 청년이 잡히면서 사건이 끝날 줄 알았어. 하지만 그렇지 않았어. 이 사건을 계기로 유럽은 전쟁의 소용돌이로 빨려 들어갔으니까.

우리나라에 있었던 대통령 탄핵 사건에서도 나비 효과를 볼 수 있어. 한 학생의 대학교 부정 입학이 대통령 탄핵까지 이어졌으니까. 세상의 모든 건 다 연결되어 있어. 좋은 정치는 엉킨 실타래의 끝을 잘 찾아 풀어나가는 것과 같아.

 ## 가난한 나라에 대한 지원

굶주리고 아픈 아이들을 도와 달라는 광고를 본 적이 있을 거야. 우리 돈 5백 원이면 한 끼 밥을 먹일 수 있다고 해. 그 광고를 본 뒤 후원하고 싶은 마음이 들었겠지? 이렇게 위기에 처한 사람들을 세계 여러 나라에서 돕고 있어. 대개 선진국 사람들이 도움을 주지.

예전에 우리나라도 여러 나라의 도움을 받았어. 남북한의 전쟁으로 모든 것이 무너졌을 때였지. 먹을 것도, 입을 것도, 아픈 데 먹을 약도 없을 때 여러 선진국에서 식량과 옷과 약을 보내 줬어. 어떤 대가도 바라지 않고 말이야. 그 덕에 우리는 힘을 내어 다시 일어설 수 있었지.

지금 우리나라는 선진국이 되었어. 선진국으로서 돈 많고 힘세다고 으스대야 할까? 가난한 나라들을 윽박질러서 더 많은 이익을 얻어야 할까? 선진국이 된 우리나라가 지구촌 문제 해결에 어떤 도움을 줄 수 있을까?

29. 국가 간의 외교도 정치야?

"오늘 대통령이 유럽의 여러 나라를 방문하기 위해 떠난다고 해. 친구가 그러는데, 대통령이 외국 여행 가서 좋겠다고 하더라고."

"대통령의 외국 방문은 여행이 아니야. 한 나라의 대표가 다른 나라를 방문하는 것은 최고의 외교 행위니까."

우리나라 대통령이 유럽에 간다면, 우리나라 국민이 모두 유럽에 가는 거야. 공부하느라 일하느라 노느라 바쁜 우리를 대신하여 대통령이 가는 셈이지. 그래서 방문하는 나라에서는 최선을 다해 손님 대접을 해. 그 나라의 전통문화를 보여 주고, 나라 사이에서 교역이 활발히 이루어지도록 애쓰지.

그런데 세계의 모든 국가는 제 나라의 이익을 위해 힘써. 하나라도 더 국민에게 도움이 될 것을 다른 나라와 교역하려고 해. 이를테면 우리나라의 자동차를 수출하고, 외국의 농산물을 가져오는 식이야. 그래야 제 나라 국민을 더 잘 살게 할 수 있으니까. 외교를 잘하는 나라일수록 국민의 생활은 편해진다고 할 수 있어.

정보통신 기술과 교통이 나날이 발전해서 세계는 더 가까워지고 있어. 지구 반대편 나라에 있는 제품을 우리나라 마트에서 쉽게 볼 수 있잖아. 마찬가지로 우리나라 제품도 지구 반대편에서 팔리고 있지. 지금 세계 여러 나라는 어떻게 제 나라 물건을 다른 나라에 팔까, 머리를 싸매면서 고민해. 다른 나라들보다 뒤처지지 않고 발전할 방법을 찾아. 다른 나라의 침략을 받지 않도록 노력하고. 이 모든 것이 외교야. 나라와 나라 사이의 정치인 거야.

 **전쟁과 외교**

인류 역사에서 전쟁은 얼마나 많이 있었을까? 전쟁은 인류 역사의 전부라고 해도 지나친 말이 아니야. 그만큼 인류는 전쟁을 일으켜 원하는 것을 얻으려고 했어. 우리나라의 삼국 시대를 봐도 알 수 있잖

아. 고구려는 넓은 대륙으로 쭉쭉 뻗어나갔어. 영토를 얻는 것은 다스릴 백성을 얻고 식량을 얻어 나라를 부강하게 하는 일이니까. 당시에는 전쟁이 최고의 외교였지.

근대에 들어 서양의 힘센 나라들은 아시아와 아프리카와 아메리카 대륙을 식민지로 삼았어. 원주민을 무참히 학살하면서 정복했고, 식민지에서 나는 식량과 자원을 마음껏 가져왔어. 식민지를 두고 전쟁을 벌이기도 했지. 많은 식민지에서 많은 자원을 약탈하는 나라가 최고라고 믿었거든. 급기야 독일의 히틀러는 세계를 모두 집어삼키겠다는 야욕을 드러내기까지 했어.

전쟁의 최대 피해자는 가난한 사람과 힘없는 사람이야. 이들은 나라를 이루는 당당한 국민인데도 전쟁 때문에 피해를 봐. 잘못한 것 하나 없는데 전쟁터에 끌려가 총탄을 맞고 희생돼. 누구를 위한 전쟁일까?

전쟁은 인간이 가진 욕망을 폭력으로 풀어내는 것! 전쟁을 일으키지 않고 평화를 이루면서 세상 사람들이 함께 살 방법을 계속 찾아야 해. 전쟁이 아닌 외교로 말이야.

국가 간의 연대

국가와 국가도 친구 관계를 맺어. 사람처럼 마음이 통하고 매력을 느껴서 친구가 되는 건 아니야. 나라의 이익을 위해서지. '아세안(ASEAN)'은 동남아시아 국가들의 모임이야. 동남아시아의 평화와 안전을 이루기 위해 설립되었지. 활발하게 협력하면서 교역하고 있어.

'유럽연합(EU)'은 유럽 국가들의 모임이야. 제2차 세계대전으로 앙숙이 된 프랑스와 독일이 화해하고 평화를 이루기 위해 만들었어. 그 뒤 경제 공동체로 발전했고, 정치에서도 통합을 이뤄 가고 있어.

'아랍연맹'은 중동과 북아메리카 나라들의 모임이야. 석유 자원을 보호하고 공유하기 위해 만들었어. '아프리카연합'은 아프리카 나라들의 모임이야. 같은 대륙 안에서 무역이 잘 이뤄지도록 노력해.

우리나라는 선진국 모임인 'G20'과 'OECD(경제협력개발기구)'에 속해 있어. 아세안과도 긴밀하게 협력하지.

세계의 여러 국가 중에 따돌림당하는 나라는 없을까? 그 나라와 함께할 방법은 없는 걸까?

여러 가지 국제기구(UN/NGO)

30. 유엔(UN)은 무슨 일을 하는 거야?

"세계적으로 유명한 우리나라 가수들이
유엔에서 연설했잖아.
정말 감동이었어.
나도 유엔에서 연설할 기회가 있을까?"

"있고말고.
세계 평화를 위해 네가 맡은 분야에서 최선을 다한다면,
꼭 유엔의 연설대에 설 수 있을 거야."

 국가 모임 가운데 가장 큰 것이 '국제연합(UN)'이야. 200개 가까운 나라가 모여 있거든. 유엔을 나타내는 그림은 지구와 지구를 감싸는 올리브잎이야. 올리브잎은 성경에 나오는 식물이지. 홍수가 나서 세상이 모두 멸망했는데, 비둘기가 올리브잎을 가져와서 홍수가 끝났다는 것을 알렸거든. 올리브잎은 평화와 희망을 상징해.

 올리브잎은 유엔이 만들어진 이유를 알려 줘. 인류에게 큰 재앙이 되었던 두 번의 세계대전을 다시 겪어서는 안 된다고 말하는 거야. 전쟁보다 평화, 대결보다 화합, 고립보다 연대가 인류의 삶을 윤택하게 하기 때문이지.

 유엔은 세계 평화와 안전을 유지해. 여러 나라의 우호 관계를 증진하고, 나라와 나라 사이의 다툼을 평화롭게 해결하도록 해. 경제와 사회와 문화 면에서 협력하여 문제를 해결하고, 인권과 자유가 침해당하지 않도록 해. 세계 공동의 이익을 위해 각 나라의 이익을 조절해.

유엔에는 여러 기구가 있어. 가장 중요한 기구는 총회야. 모든 회원국이 모인 총회 자리에서 국제 정치가 이뤄져. 총회에 우리가 잘 아는 '유니세프(국제연합아동기금)'가 있어. 'IMF(국제통화기금)', 'WTO(세계무역기구)', 'WHO(세계보건기구)'는 유엔의 전문 기구이지. 유엔에는 '국제사법재판소'가 있는데, 나라 간에 문제가 생겼을 때 국제법에 따라 재판하는 곳이야.

 유엔 상임이사국

유엔 '안전보장이사회'는 유엔에서 가장 큰 힘을 발휘하는 기구야. 유엔의 최우선 목표인 '평화와 안전 유지'를 실행하는 곳이거든. 흔히 '안보리'라고 줄여서 불러. 1950년 북한이 남한을 침략했을 때, 유엔군을 보내자고 결정한 곳이 안보리였어. 안보리는 분쟁이 벌어지면 평화롭게 해결하도록 이끌고, 유엔군을 보내서 침략 행위를 막아.

안보리에는 상임이사국이 있어. 상임이사국은 유엔을 이끌어가는 가장 힘센 국가야. 미국, 중국, 프랑스, 러시아, 영국이지. 5개 상임이사국과 10개 비상임이사국이 세계의 평화와 안전을 유지하기 위해 회의를 해. 비상임이사국은 2년마다 바뀌지만, 상임이사국은 바뀌지 않아. 그만큼 상임이사국이 큰 영향을 미쳐. 상임이사국의 어느 한 나라만 반대해도 결의안을 채택할 수 없거든.

그래서 상임이사국에 들어가고 싶은 나라가 많아. 우리의 이웃인 일본이 상임이사국을 차지하려고 애쓰고 있지. 하지만 일본은 제2차 세계대전을 일으킨 나라로 지금까지 제대로 반성하지 않고 있어. 우리나라를 비롯한 여러 나라가 일본의 상임이사국 진출을 강력하게 반대해.

 **비정부기구(NGO)**

나라와 나라만 함께 모이는 게 아니야. 지구촌 사람들도 함께 모여. 어느 나라, 어느 정부에 속하지 않고 인류 전체를 위해 활동하는 모임이지. 그것을 '비정부기구'라고 해. 비정부기구에는 세계 곳곳에 사는 사람들이 모여 있어.

GREENPEACE

　가장 유명한 비정부기구로 '그린피스(Greenpeace)'가 있어. 이름만 봐도 알 수 있듯, 이 단체는 지구의 환경을 보호하기 위해 만들어졌어. 전쟁을 반대하고, 무시무시한 핵무기도 반대해. 가끔 우리나라 바다에서 그린피스가 시위하는 장면을 볼 수 있지.

　'국경없는의사회'도 잘 알려진 비정부기구야. 아픈 사람이 있는 곳이라면, 그곳이 어디든 달려가서 아픈 사람을 돌봐. 종교, 인종, 성별, 이념 등을 따지지 않고 인류애를 실천해. 그동안의 공로로 1999년에 노벨 평화상을 받았어.

　네 재능을 세계의 평화와 안전을 위해 쓴다면, 너는 어떤 일을 하고 싶어? 네가 들어가서 활동하고 싶은 비정부기구로 무엇이 좋을까?